KB253105

인간의 마음

THE HEART OF MAN

Its Genius for Good and Evil

ERICH FROMM

인간의 마음

에리히 프롬 지음 | 황문수 옮김

문예출판사

■ 일러두기

이 책에서 지은이 주는 1〉, 2〉, 3〉~으로, 옮긴이 주는 1), 2), 3)~으로
표시했다. 또한 참고문헌은 지은이 주에서 밝히고 있다.

머리말

이 책에서 나는 이전의 몇 가지 책에서 내가 제시했던 사상을 더욱 발전적으로 다루고자 한다. 『자유로부터의 도피』에서 나는 자유의 문제, 가학증sadism과 피학증masochism 문제 그리고 파괴성에 관한 문제를 다루었다. 나는 그 동안 해왔던 임상 경험과 이론적 고찰로 말미암아 자유와 함께 여러 종류의 공격성과 파괴성에 대해 더욱 깊이 이해하게 되었다고 생각한다. 나는 삶에 직접적으로, 또는 간접적으로 이바지하는 여러 종류의 공격성을 파괴성의 악성惡性 형태(이는 삶에 대한 사랑과는 반대로 참으로 죽음을 사랑하는, 죽음에 대한 사랑이다)로부터 구별할 수 있게 되었다.

『자립적 인간』에서 나는 계시나 사람이 만든 법률, 또는 관습에 바탕을 둔 것이 아니라 인간 본성에 대한 우리의 지식에 바탕을 둔 윤리적 규범의 문제에 대해 검토했다. 이 책에서 나는 이 문제를 더욱 깊이 추구하여 악惡의 본성, 그리고 악과

선善의 선택이 갖는 본성에 대해 다루려고 한다.

끝으로 이 책이『사랑의 기술』과 한 쌍을 이루는 것임을 밝히고 싶다.『사랑의 기술』에서는 인간의 사랑할 수 있는 능력이 주요 주제였으나 이 책에서는 인간의 파괴하는 능력, 자아도취narcissism 및 근친상간적 고착을 주요 주제로 삼고 있다. 그러나 사랑이 아닌 것에 대한 논의가 지면 대부분을 차지하지만 사랑의 문제도 한층 새롭고 폭넓은 의미에서 검토되고 있다. 다시 말해 이 책은 삶에 대한 사랑을 다루고 있다. 나는 이 책에서 삶에 대한 사랑, 독립심 및 자아도취를 극복하는 것이 '성장의 증후군'을 형성하는 반면, 죽음에 대한 사랑, 근친상간적 공생共生 및 악성 자아도취는 '쇠퇴의 증후군'을 형성한다는 것을 보여주려고 한다.

나는 수많은 임상 경험을 바탕으로 과거의 사회적·정치적 발전을 돌이켜보며 이러한 쇠퇴의 증후군에 대해 연구하게 되었다. 인간은 선의善意를 가지고 있고, 핵전쟁이 가져온 무시무시한 결과에 대한 진상도 잘 알고 있다. 그러면서도 핵무기 경쟁을 계속하고 냉전을 지속시키려 함으로써 크나큰 위기와 전쟁 가능성을 안게 되었다. 이에 비해 왜 핵전쟁을 피하려는 노력이 그렇게도 미약한가 하는 절박한 의문을 품지 않을 수 없다.

이러한 관심 때문에 나는 끊임없이 기계화되는 산업주의

사회에서 생기는 삶에 대한 무관심 현상을 연구하게 되었다. 산업주의 사회에서 인간은 마치 사물처럼 변한다. 그 결과 그들은 불안에 휩싸이게 되며, 삶을 증오하지는 않더라도 삶에 대해 아무 관심도 갖지 않는 상태가 된다.

이러한 사실은 제쳐놓더라도, 존 F. 케네디 암살 사건 같은 범죄에서 현저히 드러나는 현재의 폭력 분위기는 변혁을 향한 첫 발걸음을 떼기 위해서는 설명과 이해가 먼저 필요하다는 것을 보여준다. 문제는 설혹 핵전쟁이 일어나지는 않는다 해도 우리가 새로운 야만 상태로 나아가고 있는가 아니면 휴머니즘적 전통을 지닌 르네상스를 창조하고 있는가 가늠해보는 데 있다.

지금까지 말한 것 외에도 나의 정신분석적 개념과 프로이트 이론과의 관계를 명백히 하는 것도 이 책의 목적이다. 나는 '문화파'라 불리든 '신新프로이트주의파'라 불리든 간에 정신분석의 새로운 '학파'에 속한다고 분류되는 것에 만족한 적이 한번도 없다. 나는 이러한 새로운 학파가 대체로 그들의 이론을 가치 있고 통찰력 있게 전개하고 있으나 한편으로는 프로이트가 발견한 가장 중요한 것들을 상당 부분 놓치고 있다고 생각한다.

물론 나는 '정통 프로이트 학파'는 아니다. 어떤 이론이 60년 동안 전혀 변하지 않았다면 그것은 변하지 않았다는 바로 그 사실 때문에 이미 창시자의 본래 이론과 동일하지는 않다. 그것은 화석화化石化한 되풀이일 뿐이고, 이러한 되풀이로 말미암아 사실상 변형되어 있는 것이다.

프로이트의 기본적인 발견은 철학적인 준거의 틀, 다시 말해 20세기 초기 대부분의 자연과학자들이 공유하던 기계론적 유물론의 틀 안에서 생각되었다. 나는 프로이트 사상을 더욱 발전시키려면 또다른 준거의 틀, 곧 **변증법적 휴머니즘**이 필요하다고 믿는다. 나는 프로이트의 가장 위대한 발견이었던 '오이디푸스 콤플렉스', '자아도취' 및 '죽음의 본능' 발견은 그의 철학적 전제로 인해 방해를 받았다고 생각한다. 따라서 이 책에서는 이러한 전제로부터 해방되어 새로운 준거의 틀로 옮겨갔을 때 프로이트의 발견이 더욱 효과적이고 의미 있는 것이 될 수 있다는 점을 밝히고자 한다.[1]

휴머니즘, 휴머니즘과 이에 대한 가차없는 비판의 역설적 혼합, 타협을 모르는 현실주의 및 합리적 신념이라는 준거의 틀이 프로이트가 기초를 놓은 사업을 더욱 효과적으로 발전시킬 수 있다고 나는 믿는다.

한마디만 더 하기로 하자. 이 책에 나타난 사상은 정신분석학자로서 그리고 어느 정도는 사회변동 연구가로서 내가 해온 수많은 임상 작업의 결과이지만 나는 임상 기록은 대부분 생략했다. 나는 휴머니즘적 정신분석 이론과 치료법을 다루게 될 더욱 방대한 저술에서 이 기록을 제시하고자 한다.

끝으로 자유, 결정론, 양자택일론에 대한 장들에서 수많은 비판적 시사를 아끼지 않은 폴 에드와즈에게 감사한다.

에리히 프롬

1〉 나는 이러한 정신분석 개념이 이른바 '실존주의적 분석'에 의해 프로이트 이론을 대체하는 것을 뜻하지는 않는다는 점을 강조하고 싶다. 이런 식으로 프로이트 이론을 대체하는 모습은 흔히 임상적 사실에 대한 진지한 통찰도 없이 하이데거나 사르트르 또는 훗설의 말을 인용하는 천박한 형태로 나타난다.

사르트르의 심리학적 사고는 화려하기는 하지만 피상적인 데다가 건전한 임상적 기초도 갖추지 못했다. 일부 '실존주의적' 정신분석학자에게도 이 말은 똑같이 적용된다. 하이데거의 실존주의처럼 사르트르의 실존주의도 새로운 시작이 아닌 종말이다. 그들은 두 번에 걸쳐 세계대전이라는 크나큰 재난을 겪으며 히틀러와 스탈린의 지배를 받은 서양 사람들이 느꼈던 암울한 절망감을 표현하고 있다.

그러나 그들은 단순히 절망을 표현하는 데서 그치지 않는다. 그들은 극단적으로 부르주아지적인 이기주의와 유아론唯我論을 표현한다. 이 점은 나치에 동조했던 하이데거 같은 철학자를 볼 때 쉽게 이해할 수 있다. 마르크스 사상을 대표하고 미래의 철학자라 주장하는 사르트르의 경우 이런 면은 더욱 기만적으로 나타난다. 그런데도 그는 자신이 비판하고 변혁하려고 한 **아노미**와 자기 본위 사회를 대표하는 자이다.

삶에는 아무 의미도 없다는 신념에 대해 많은 체계에서 이 신념을 지지하며 종교에 있어서는 특히 불교가 그러하다. 그러나 만인에게 똑같이 적용될 수 있는 객관적 가치는 없다고 주장함으로써 그리고 결과적으로는 자기 본위의 자의恣意가 되는 자유 개념에 있어서 사르트르와 그의 추종자들은 휴머니즘적 전통은 말할 것도 없고 유신론과 무신론이 이룬 가장 중요한 업적마저 잃게 하고 있다.

차 례

THE HEART OF MAN

1

인간은 늑대인가, 양인가?

사람은 양이라고 믿는 사람들이 많다. 한편 사람은 늑대라고 믿는 사람들도 있다. 쌍방은 자기 자신의 처지에 유리한 논거를 모을 수 있다. 사람이 양이라고 주장하는 사람들은 다음과 같은 사실을 지적하기만 하면 된다.

곧 사람은 쉽게 남의 영향을 받기에 비록 자기 자신에게 해로운 일이라고 하더라도 시키는 대로 하고 있으며, 지도자를 따라 그 결과가 오직 파괴뿐인 전쟁에 참가해왔다. 또한 그들은 충분한 정력으로 제시되고 힘의 뒷받침을 받기만 하면 어떠한 넌센스라도, 예를 들어 성직자나 왕의 가혹한 위협을 비롯해 음양으로 설득하는 자의 달콤한 말들을 믿어왔다.

대부분의 사람들은 최면에 걸리기 쉽고 잠에서 반쯤 깨어 있는 어린애와 같아서 그들을 동요시키기에 충분할 만큼 협박적이거나 달콤한 목소리로 말하는 사람들이라면 누구에게든지 자진해서 의지를 굽히는 듯하다. 사실상 군중의 반대를 견

뎌낼 만큼 강한 확신을 가진 사람은 일반적 규칙에 속한 사람
이 아니라 예외적 사람이며, 흔히 몇 세기 후에는 찬양을 받게
될지 몰라도 동시대 사람들에게는 대체로 비웃음을 받는 예외
적 존재이다.

　종교재판소장과 독재자들은 이치럼 사람은 양이라는 가정
하에 자신들의 체계를 세웠다. 나아가 사람은 양이며 따라서
그들을 위해 결정을 내려줄 지도자가 필요하다는 이와 같은
신념 때문에 지도자들은 흔히 사람들이 원하는 것을 주기만 한
다면, 다시 말해 사람들로 하여금 책임과 자유라는 짐을 벗게
만 해준다면 비록 비극적인 것일지라도 도덕적 의무를 수행할
거라고 진지하게 확신하게 되었다.

　그러나 대부분의 사람들이 양이라면 왜 인간의 생활은 양
의 생활과 다를까? 인간의 역사는 피로 쓰여져왔고 거의 예외
없이 인간의 의지를 굽히기 위해 힘을 사용해온 계속되는 폭력
의 역사다. 탈아아트 파샤 혼자 수백만 아르메니아 사람을 전
멸시켰을까? 히틀러 혼자 수백만 유태인을 전멸시켰을까? 스
탈린 혼자 수백만 성석을 전멸시켰을까? 그들은 혼자가 아니
었다. 그들은 자신들을 위해 사람을 죽이고, 자신들을 위해 고
문을 한, 그것도 자발적으로 즐겁게 그 일을 한 부하 수천 명을
거느리고 있었다.

　우리는 도처에서, 즉 참혹한 전쟁에서, 살인과 강탈에서,

강자가 약자를 무자비하게 착취하는 데서, 고문받고 괴로워하는 자의 탄식이 흔히 귀머거리의 귀와 굳어진 마음에도 들려온다는 사실에서 인간이 인간에게 자행하는 비인간적 행위를 보지 않는가?

이 모든 사실 때문에 홉스 같은 사상가들은 '인간은 인간에 대해 늑대'라는 결론을 내리게 되었다. 이러한 사상가들 때문에 오늘날 우리들은 대체로 인간은 그 본성에 있어서 사악하고 파괴적이며 더 강력한 살인자를 두려워할 때에만 좋아하는 오락을 삼가는 살인자라고 가정하게 되었다.

그러나 쌍방의 논의는 우리를 당황하게 한다. 우리 개개인이 스탈린이나 히틀러처럼 무자비한, 잠재적이거나 혹은 드러나 있는 살인자와 가학자sadist를 알고 있다는 것은 부인할 수 없는 사실이다. 그러나 이러한 사람들은 통례라기보다는 예외적 존재이다. 우리는 당신과 나와 대부분의 평범한 사람들이 양의 탈을 쓴 늑대며, 지금까지 우리들이 야수처럼 행동하지 못하도록 가로막고 있던 '금지'라는 굴레를 벗어던지기만 하면 우리들 '참된 본성'이 분명해질 것이라고 가정해야 할까?

이러한 가정은 논박하기도 어렵지만 그렇다고 완전히 타당한 것도 아니다. 일상생활에는 보복당할 두려움 없이 잔인한 행위에 탐닉하고 가학증을 마음껏 발휘할 기회가 무수히 있다. 그러나 수많은 사람들이 그렇게 하지 않는다. 사실상 사람들은 잔인한 행위나 가학증을 겪게 되면 반발심으로 여기에 반응한다.

그렇다면 우리가 여기서 다루고 있는 갈피를 잡기가 어려운 모순에 대해 더 좋은 설명이 있을 수 있을까? 우리는 단순히 소수의 늑대가 대다수의 양과 함께 살고 있다고 가정해야 할까? 늑대는 죽이려 하고, 양은 추종하려 한다. 그러므로 늑대는 양으로 하여금 죽이고, 살해를 꾀하게 하고, 목졸라 죽이게 하며, 양은 이러한 일을 즐겨서가 아니라 추종하기 바라기 때문에 순응한다.

그런데 이런 경우조차 살인자는 대다수 양이 늑대처럼 행동하게 만들기 위해 그들의 목적이 고상하다든가, 자유에 대한 위협에 대처한다든가, 총검에 찔려 죽은 어린애, 강간당한 부인, 더럽혀진 명예를 위해 복수한다든가 하는 이야기를 꾸며내지 않으면 안 된다.

이러한 대답은 일견 그럴듯해 보이지만 여전히 많은 의문을 남긴다. 이는 두 가지 인종, 다시 말해 늑대라는 인종과 양이라는 인종이 있다는 것을 뜻하지 않을까? 한 걸음 더 나아가 만일 늑대처럼 행동하는 것이 그들의 본성이 아니라면 비록 폭력이 신성한 의무로 제시되었다고 해도 그들이 어떻게 그토록 쉽게 늑대처럼 행동하라는 설득에 넘어갈 수 있었을까? 그렇다면 늑대와 양에 대해 우리가 가정했던 바는 더 이상 유지될 수 없을 것 같다.

결국 늑대가 인간성의 본질적 성질을 나타내고 있으며 대다수 사람들보다는 소수의 사람들이 이러한 성질을 더욱 공공연하게 나타낸다고 하는 것이 옳을까? 아니면 결국에는 이러한 양자택일 자체가 잘못된 것일지도 모른다. 사람은 늑대인 **동시에** 양일까? 아니면 늑대도 **아니고** 양도 **아닐까**?

각 나라에서는 **그들의** '적'을 전멸시키기 위해 가장 파괴적인 힘을 사용해야 할 것인지 숙고한다. 그들 자신도 전번제全番祭[1]에서 절멸할지 모를 가능성이 있건만 이러한 힘을 사용하겠다는 의지를 단념하지 않고 있는 듯하다.

오늘날 이와 같은 상황에서 이러한 물음에 대한 대답은 결정적인 중요성을 갖는다. 우리가 인간성은 본래 파괴적인 경향을 갖고 있고 힘과 폭력을 사용해야 할 필요성이 이러한 인간성에 뿌리박고 있다고 확신한다면, 점점 야만화가 되어갈지라도 이에 대한 우리들의 저항은 점점 더 약화될 것이다. 정도의 차이는 있을지 몰라도 우리 모두가 늑대라면 왜 우리가 늑대에게 저항하겠는가?

인간은 늑대인가 양인가 하는 물음은 더욱 넓고 일반적인 측면에 있어서는 서양 신학 및 철학 사상의 가장 기본적인 문

---

1) 유태교에서 짐승을 통째로 구워 신전에 바치는 제사.

제 가운데 하나였던 물음, 즉 사람은 기본적으로 악하고 타락했는가, 또는 사람은 기본적으로 착하고 완전할 수 있는가 하는 물음의 특수한 표현에 지나지 않는다.

『구약성서』는 인간이 근본적으로 타락했다고 보지 않는다. 아담과 이브의 신에 대한 불복종은 죄로 불리지 않는다. 이러한 불복종이 인간을 타락시켰다는 암시는 어디서도 찾아볼 수 없다. 반대로 불복종은 사람의 자각, 곧 사람의 선택 능력을 위한 조건이다. 따라서 궁극적으로 볼 때 이 같은 불복종이라는 최초의 행위는 자유를 향한 인간의 첫걸음이다.

그들의 불복종은 신의 계획 속에 들어 있었던 것 같다. 예언적 사상에 따르면 사람은 곧바로 낙원에서 쫓겨났기 **때문에** 자기 자신의 역사를 만들 수 있었고, 인간의 힘을 발달시킬 수 있었다. 또한 낙원 안에서는 **아직은** 하나의 개인으로 자연과 조화될 수 없었으나 그때부터 당당한 개인으로 다른 사람 그리고 자연과 새로운 조화를 이루게 되었다.

예언자들의 구세주 개념에는 분명 인간은 근본적으로 타락하지 않았으며 신의 은총이라는 득별한 작용 없이도 구원받을 수 있다는 생각이 함축되어 있다. 그러나 이는 선에 대한 가능성이 반드시 승리할 것이라는 뜻은 아니다. 만약 어떤 사람이 나쁜 일을 한번 했다면 그는 갈수록 더욱 나쁜 사람이 되어갈 것이다. 따라서 파라오[2]의 마음은 계속해서 나쁜 일을 할수록 굳어져간다. 그러다가 결국 변화나 뉘우침이 불가능할 정도로 굳어버린다. 『구약성서』에는 적어도 선행과 비슷한 정도로는 악행의 예가 나오며, 다윗 왕[3]처럼 고귀한 인물조차 악행을 저지른 사람들 명단에서 빠지지 않는다.

인간은 두 가지 능력, 즉 선의 능력과 악의 능력을 가지며 따라서 선과 악, 축복과 저주, 삶과 죽음 가운데 하나를 선택하지 않으면 안 된다는 것이 『구약성서』의 견해이다. 신조차도 그의 선택에 간섭하지 않는다. 신은 자신의 사자, 곧 예언자를 보내어 선을 실현케 하는 규범을 가르치고, 악을 밝혀내어 경고하고 이에 항의하게 하는 등 도움을 준다. 그러나 이러한 일이 끝나고 나면 사람은 '두 가지 노력', 곧 선을 위한 노력과 악을 위한 노력이라는 갈림길에 홀로 남게 되며 홀로 결정을 내려야만 한다.

기독교의 발달은 이와는 다른 면에서 전개되어왔다. 기독교 교회가 발달하는 과정에서 아담의 불복종은 죄라고 생각되었다. 사실상 아담의 불복종은 그의 본성을 타락시키는 동시에 그의 모든 후손들의 본성도 타락시킬 만큼 중한 죄이므로 인간은 자기 자신의 노력만으로는 결코 이러한 타락에서 벗어

---

2) 고대 이집트 왕의 칭호. 여기서는 『구약성서』에 나오는 이스라엘 사람들을 핍박한 왕을 말한다.
3) 『구약성서』에 나오는 이스라엘과 유태의 두 번째 왕. 「시편」 작자로도 유명하다.

날 수 없었다. 오로지 신의 은총이 작용함으로써, 곧 사람을 위해 죽은 예수의 출현만이 사람의 타락을 사라지게 할 수 있었고, 예수를 받아들인 사람들에게만 구원을 줄 수 있었다.

그러나 '원죄'라는 교리에 대해 교회 안에서도 반대가 없었던 것은 아니다. 펠라기우스[4]는 원죄 교리를 공격했으나 패배했다. 르네상스 때 교회 내부의 몇몇 휴머니스트들은 직접 공격하거나 부정하지는 못하더라도 이 교리를 약화시키고자 애썼다. 한편 많은 이단자들은 원죄 교리를 직접 공격하거나 부정했다. 루터는 어떤 편이었는가 하면, 사람의 타고난 사악함과 타락 쪽에 훨씬 더 치우친 견해를 갖고 있었다.

반면에 르네상스 사상가들과 그 후 계몽주의 사상가들은 이와는 반대 방향으로 극적인 걸음을 내디뎠다. 계몽주의 사상가들은 사람의 모든 악은 환경의 결과에 지나지 않고, 따라서 사람은 사실상 선택의 여지가 없었다고 주장했다. 그들은 악을 낳는 환경을 바꾸어주면 사람이 원래 지니고 있던 선은 거의 자동적으로 나타날 것이라고 생각했다.

이러한 견해는 마르크스와 그 후계자들의 사고방식에도 영향을 미쳤다. 인간이 착하다는 신념은 새로운 자신감의 결과였고, 이러한 자신감은 르네상스와 함께 시작된 엄청난 경

---

4) 5세기 초기 영국 수도사. 원죄설을 부정하고 인간의 자유의지를 주장했다.

제적·정치적 진보의 결과 획득된 것이었다.

이와는 반대로 제1차 세계대전과 함께 시작되어 히틀러와 스탈린, 코벤트리[5]와 히로시마를 거쳐 온 세상 멸망을 준비하고 있는 오늘날에 이르기까지, 서양의 도덕적 파산은 다시금 사람의 악에 대한 성향을 강조하는 전통적 견해가 고개를 들게 했다. 이는 악에 대한 사람의 타고난 가능성을 과소평가하는 경향에 건전한 해독제가 되어주었다.

그러나 이와 같이 악에 대한 성향을 강조하는 것은 때로는 인간에 대한 믿음을 잃지 않고 있는 사람들을 오해함으로써, 그리고 때로는 그들의 입장을 곡해함으로써 그들을 조롱하는 데 너무나 자주 이용되었다.

인간의 마음속에 있는 악의 가능성을 과소평가한다고 흔히 오해받는 견해를 가진 사람으로서, 나는 이러한 감상적인 낙관주의는 내 사상의 전반적인 분위기가 아님을 강조하고 싶다. 정신분석학자로서 오랜 임상 경험을 가진 사람이 인간 마음속에 있는 파괴적 경향을 얕잡아보기란 참으로 어려운 일이다. 정신분석학자는 매우 중한 환자에게 이러한 힘이 작용하는 것을 보게 되며 또한 이 힘을 멈추게 하거나 그 에너지를 건설적 방향으로 돌리게 하기가 엄청나게 어렵다는 것을 경험

---

5) 잉글랜드 워어크 주에 있는 도시. 제2차 세계대전 때 독일 공군이 괴멸시켰다.

으로 안다.

마찬가지로 제1차 세계대전이 발발한 후 악과 파괴성이 폭발적으로 터져나오는 것을 목격한 사람이 인간의 파괴성이 지닌 무시무시한 힘과 강도를 간과하기란 어려우리라. 또한 날이 갈수록 더욱 증대하는 힘으로 평범한 사람들뿐만 아니라 지성인들까지 오늘날 수많은 사람들을 사로잡고 있는 무력감으로 말미암아, 전쟁은 인간 본성이 갖는 파괴성의 소산이기 때문에 회피할 수 없다는 패배주의적 견해를 합리화하기 위한 새로운 타락설과 원죄설을 받아들이게 될지도 모른다.

이러한 견해는 때로는 정교한 현실주의를 자랑하기도 하지만 두 가지 근거에서 비현실적이다. 첫째, 파괴적 노력이 강하다는 것은 그것이 무적無敵이거나 지배적임을 뜻하지는 않는다. 둘째, 이 견해는 전쟁을 주로 심리적 힘의 소산이라 전제한다. 사회적·정치적 현상을 이해하기 위해 이와 같은 '심리주의'가 내포하고 있는 잘못을 장황하게 설명할 필요는 없을 것이다.

전쟁은 성치적·군사적·경제적 지도자들의 결정에서 발생한 결과이며 그들은 영토나 자연 자원이나 무역상 우위를 얻기 위해, 또는 다른 나라에 의해 조국의 안전이 현실적으로 또는 가상적으로 위협을 받을 때 이를 방어하기 위해, 또는 자신들의 개인적 명성과 영광을 드높이기 위해 전쟁을 일으킨다. 이들은 평범한 사람들과 별반 다르지 않다. 이들은 이기적이고, 다른 사람을 위해 개인적 이익을 포기하는 일은 드물지만 그렇다고 해서 잔인하거나 악하지도 않다. 하지만 일상생활에서는 오히려 해로운 일보다는 착한 일을 할지도 모를 이 사람들이 수백만 명을 지배할 수 있고 치명적인 무기를 조종할 수 있는 권좌에 앉게 될 때 막대한 해를 입힐 수도 있다.

시민생활에서라면 그들은 경쟁자를 파멸시켰을 테지만 강력한 주권을 가진 나라들('주권을 가졌다'는 것은 주권국가의 행위를 제한하는 어떠한 도덕 법칙의 지배도 받지 않는다는 것을 뜻함)이 존재하는 오늘날에 그들은 인류를 파멸시킬지도 모른다. 악마나 가학자가 아니라 '비상한 힘을 가진 평범한 사람'이 인류에게는 가장 위험한 존재인 것이다.

그러나 전쟁을 하기 위해서는 무기가 필요하듯 수백만 명이 목숨을 걸고 살인자가 되게 하기 위해서는 증오와 분노, 파괴성, 공포가 필요하다. 이러한 격정은 전쟁을 일으키기 위한 필수조건이다. 하지만 이 격정은 대포나 폭탄 자체가 전쟁의 원인은 아니듯 전쟁의 직접적 원인은 아니다.

때문에 많은 비평가들이 핵전쟁은 종래의 전쟁과는 다를 것이라 논평해왔다. 단 하나의 미사일로 수십만을 죽일 수 있는 핵탄두를 가진 미사일, 이를 발사하기 위해 버튼을 누르게 될 사람은 마치 일개 병사가 총검이나 기관총을 사용했을 때 경험하는 것과 같은 맥락에서 본다면 누군가를 죽인다고 의식하지 못할 것이다. 그러나 핵무기를 발사하는 행위가 비록 의식적으로는 충실한 명령 준수에 지나지 않는다고 하지만, 이러한 행위가 가능하기 위해서는 퍼스낼리티personality의 심층에 파괴적 충동까진 아니더라도 삶에 대한 심각한 무관심이 반드시 존재하는 것이 아닐까 하는 의문을 남긴다.

나는 이 시점에서 세 가지 현상을 골라내려고 하거니와, 이는 내가 보기에 인간 '정위orientation'[6]의 가장 사악하고 위험한 형태의 기반을 이루고 있다. 그것은 바로 '죽음에 대한 사랑', '악성 자아도취', '공생적-근친상간적 고착symbiotic-incestuous fixation'[7]이다. 이러한 세 가지 정위가 결합될 때에는 쇠퇴의 증후군, 다시 말해 **사람들로 하여금 파괴를 위해 파괴하게 하고** 증오를 위해 증오하게 하는 일종의 증후군을 형성한다.

나는 쇠퇴의 증후군에 반대되는 것으로 성장의 증후군을

---

6) 프롬은 경향군傾向群 또는 행동을 역동적인 관점에서 보는 태도라고 설명한다. 일반적으로는 자신과 환경 및 과거와의 관계를 올바르게 인식하고 행동의 방향을 정하는 것을 말한다.

7) 공생은 본래 생물학 개념이었으나 파크가 인간사회 분석의 방법으로 사용했다. 인간사회는 동식물의 경우와는 달라서 경쟁에 바탕을 둔 공생적 관계와 커뮤니케이션이나 합의에 바탕을 둔 문화적 관계로 되어 있고, 후자는 전자의 경쟁적·분업적 관계를 조정한다.

설명할 것이다. 이는 죽음에 대한 사랑과 반대되는 것으로서의 삶에 대한 사랑, 자아도취와 반대되는 것으로서의 사람에 대한 사랑, 공생적-근친상간적 고착과 반대되는 것으로서의 독립성을 말한다.

오로지 소수의 사람들에게만 이러한 두 가지 증후군 가운데 어느 하나가 충분히 발달되어 있다. 그러나 우리들 모두는 각자가 스스로 선택한 방향, 곧 삶의 방향이나 죽음의 방향, 선의 방향이나 악의 방향으로 나아가고 있다는 사실을 부정할 수 없을 것이다.

2

폭력의 여러 가지 형태

이 책 대부분은 파괴성의 악성 형태들을 다루겠지만, 나는 우선 폭력의 몇 가지 다른 형태들을 검토해 보고자 한다. 그렇다고 이러한 형태들을 자세히 다룰 계획은 아니지만 나는 폭력이 덜 병적인 양상으로 나타나는 모습을 다루는 것이 파괴성의 병적이고 해로운 형태들을 이해하는 데 도움이 되리라 믿는다. 폭력의 여러 가지 유형들 간의 차이는 각각의 무의식적인 동기의 차이에 바탕을 두고 있다. 따라서 우리는 행동의 무의식적 역학dynamics을 이해할 수 있을 때만이 행동 자체와 행동의 뿌리, 행동의 경과, 그 행동을 일으킨 에너지에 대해 이해할 수 있다.[1]

---

1) 공격성의 여러 가지 형태에 대해서는 정신분석학에 관한 풍부한 자료, 특히 여러 권의 『Psychoanalytic Study of the Child』에 실려 있는 논문 참조. 특히 사람과 짐승의 공격성 문제에 관해서는 J. P. Scott, 『Aggression』 또는 Arnold H. Buss, 『The Psychology of Aggression』, 더 나아가 Leonard Berkowitz, 『Aggression』 참조.

가장 정상적이면서 병적이지 않은 폭력의 형태는 **놀이에 나타나는** 폭력이다. 우리는 이러한 폭력을 파괴를 위한 것도 아니고 파괴성에 동기가 있는 것도 아닌, 단지 솜씨를 드러내기 위해 폭력을 쓰는 형태들에서 찾아볼 수 있다. 이처럼 놀이에 나타나는 폭력의 예는 미개 민족의 전쟁놀이에서 선불교 검술에 이르기까지 여러 가지 경우에 볼 수 있다. 이러한 모든 싸움놀이에서는 죽이는 것이 목적은 아니다. 결과적으로 상대방이 죽었다고 해도 그것은 상대방이 '운이 나빠서' 일어난 실수일 따름이다.

물론 놀이에 나타나는 폭력에 파괴하려는 소망이 전혀 없다고 말한다면 이 말은 놀이의 유형 가운데 오로지 이상적인 경우에만 해당될 것이다. 사실상 놀이에는 분명한 논리의 배후에 무의식적인 공격성과 파괴성이 숨겨져 있는 경우가 흔하다. 그렇다고 해도 이러한 유형에서 폭력의 주요 동기는 파괴성이 아니라 솜씨를 드러내는 데 있다.

놀이에 나타나는 폭력보다 실제로 훨씬 큰 중요성을 갖는 것은 **반동적**反動的 **폭력**이다. 나는 반동적 폭력을 생명, 자유, 존엄성, 재산(자기 것이든 남의 것이든)을 지키기 위해 쓰는 폭력으로 이해한다. 반동적 폭력은 공포에 근원을 두고 있으며, 바로 이러한 이유 때문에 아마도 가장 자주 일어나는 폭력 형태일 것이다. 이러한 공포는 현실적인 것일 수도 있고 상상의 것일 수도 있으며, 의식적일 수도 있고 무의식적일 수도 있다. 이러한 유형의 폭력은 죽음에 이바지하는 것이 아니라 삶에 이바지하며, 그 목적은 파괴에 있지 않고 보존에 있다. 이러한 폭력은 전적으로 불합리한 격정이 낳은 산물이 아니라 어느 정도는 합리적으로 계산된 것이다. 따라서 목적과 수단이 어떤 균형을 이룬다는 뜻이 되기도 한다.

더욱 높은 정신적 차원에서는, 죽이는 것은 비록 자신을 방어하기 위한 경우라 해도 결코 도덕적으로 올바를 수 없다는 논의가 계속되어왔다. 그러나 이와 같이 확신하는 사람들도 대부분은 생명을 지키려는 폭력은 파괴를 위한 파괴를 목적으로 하는 폭력과는 성질이 다르다는 점을 인정한다.

위협받고 있다는 느낌과 그 결과 발생하는 반동적 폭력은 대체로 현실에 바탕을 두지 않고 사람 마음의 움직임에 바탕을 두고 있다. 정치와 종교 지도자들은 적의 위협을 받고 있다고 자기네 지지자들을 설득해 반동적인 적대감이라는 주관적인 반응을 일으킨다. 그러므로 올바른 전쟁과 올바르지 못한 전쟁이 다르다는 주장은 로마 가톨릭 교회뿐만 아니라 자본주의적 정부나 공산주의적 정부가 전쟁을 일으켰을 경우에도 아주 의심스러운 것이다. 일반적으로 쌍방 모두 공격에 대한 방어라는 주장을 성공적으로 제시할 수 있기 때문이다.[2]

방어하기 위해서였다고 둘러대지 못할 침략적인 전쟁은 거의 없다. 누가 올바르게 방어 문제를 주장했느냐 하는 것은 대체로 승자에 의해 결정되며, 때로는 아주 오랜 시간이 지난 후에 좀더 객관적인 역사가에 의해 결정된다.

어떤 전쟁이든 방어 전쟁으로 가장하고 싶어하는 경향은 두 가지 사실을 보여준다. 첫째, 적어도 국민 대다수가 매우 문명화된 나라에서는, 먼저 자신의 생명과 자유를 지키기 위해 죽이고 죽는다고 확신시키지 않고서는 죽이거나 죽게 할 수 없다. 둘째, 몇 백만 명에게 공격을 받게 될 위험에 놓여 있으며, 따라서 스스로를 지키기 위해 싸움터로 불려나가는 거라고 설득하기란 어려운 일이 아니라는 사실이다.

이와 같은 설득이 가능한 것은 대부분의 사람들에게 독립적인 사고와 감정이 없고, 대다수 사람들이 감정적으로 그들의 정치적 지도자들에게 의존하고 있기 때문이다. 사람들이 이러한 의존심을 가지고 있는 한 힘과 설득력을 갖고 제시되는 거의 모든 것을 진실로 받아들일 것이다.

가상 위협에 대한 믿음이 주는 심리적 결과는 당연히 실제 위협의 결과와 같다. 사람들은 위협을 받고 있다고 **느끼면** 자

---

2) 1939년에 히틀러는 국민들로 하여금 공격받고 있다는 감정을 갖게 하기 위해서, 따라서 그가 폴란드를 함부로 공격하는 것을 '올바른 전쟁' 으로 정당화하기 위해서 가짜 폴란드 군인(사실은 친위대 대원)에게 슐레지엔 방송국을 위장 공격하도록 했다.

기 자신을 지키기 위해서 자발적으로 죽이고 파괴를 한다. 편집증偏執症 환자의 피해망상에서도 우리는 동일한 메커니즘을 보게 되는데, 이 경우 집단적이 아니라 개인적이라는 것만이 다르다. 두 경우 모두 사람은 주관적으로 위험을 느끼고 공격적인 반응을 보인다.

반동적 폭력의 또다른 측면은 **욕구불만**frustration에 의해 발생하는 폭력이다. 소망이나 욕구가 좌절되었을 때 동물이나 어린아이, 어른들이 공격적인 행동을 한다는 것을 우리는 잘 알고 있다.[3] 이러한 공격적 행동은 대체로 헛수고로 끝나기는 하지만 폭력을 사용해 좌절된 목적을 달성하려는 시도에서 비롯된다. 이는 분명 삶에 이바지하는 공격성이며 파괴를 위한 공격성은 아니다. 욕구와 욕망의 좌절은 오늘날까지도 대부분의 사회에서 거의 보편적으로 일어나고 있는 일이므로 끊임없이 폭력과 공격이 발생하고 과시된다고 해서 하등 놀랄 까닭이 없다.

욕구불만의 결과인 공격성과 관련되는 것으로 질투와 선망에서 생기는 적대감이 있다. **질투**도 **선망**도 욕구불만의 특수한 종류다. 질투나 선망은 A가 원하는 대상을 B가 가지고 있거나

---

3) J. Dollard, L. W. Doob, N. E. Miller, O. H. Mower & R. R. Sears, 『Frustration and Aggression』에 있는 풍부한 자료 참조.

A가 사랑받고 싶어하는 사람으로부터 B가 사랑받고 있다는 사실로 말미암아 생긴다. A가 원하면서도 가질 수 없는 것을 가진 B에 대한 증오와 적대감이 A에게 일어나는 것이다. 질투와 선망은 원하는 것을 얻지 못했을 뿐 아니라 다른 사람이 그 대신에 갖게 되었다는 사실 때문에 A에게 강화된 욕구불만이다.

자신의 잘못이 없는데도 사랑받지 못한 카인이 사랑받는 동생을 죽인 이야기나 요셉과 그의 형제들의 이야기는 질투와 선망을 보여주는 고전적 표현이다. 이와 동일한 현상에 대해 정신분석과 관련된 문헌은 풍부한 임상 자료를 제공해준다.

반동적 폭력과 관련이 있지만 이미 병리학 쪽으로 한 걸음 더 나가 있는 또 하나의 폭력 유형은 **복수의 폭력**이다. 반동적 폭력의 목적은 위협적인 위해를 피하려는 것이므로 생존이라는 생물학적 기능에 이바지한다. 한편 복수의 폭력 같은 경우는 이미 위해가 가해진 상태이기 때문에 방어의 기능을 갖지 못한다. 이 폭력은 현실적으로 일어난 일을 마술처럼 원상복귀시키려는 비합리적인 기능을 갖는다. 우리는 원시 집단이나 문명 집단뿐만 아니라 개개인에게서도 복수의 폭력을 찾아볼 수 있다. 이러한 유형의 폭력이 지닌 비합리적 성격을 분석함으로써 우리는 이에 대해 훨씬 쉽게 이해할 수 있을 것이다.

복수의 동인動因은 집단이나 개인이 갖는 힘 또는 생산성과 반비례한다. 약한 사람이나 불구자에게는, 만일 위해를 받음으로써 자존심에 상처를 입었다면 자존심을 회복할 수 있는 수단은 단 하나밖에 없다. 곧 '눈에는 눈'이라는 동태복수법同態復讐法[1]에 따라 복수하는 것이다. 한편 생산적으로 사는 사람은 그럴 필요가 전혀 없거나 거의 없다. 그는 비록 상처를 받고 모욕을 받고 위해를 입더라도 생산적으로 사는 과정 자체 덕분에 지난날의 위해를 잊을 수 있다. 생산하는 능력이 복수욕보다 더 강하다는 점이 증명되는 것이다.

이러한 분석이 옳다는 것은 개인적·사회적 규모의 경험적 자료를 통해 쉽게 입증할 수 있다. 정신분석에 관한 자료는 독립적으로 충실하게 사는 것이 어려워 때때로 복수욕에 자신의 전 존재를 걸기 쉬운 신경증적인 사람보다는 성숙하고 생산적인 사람이 복수심에서 행동하는 일이 적다는 것을 보여준다.

정신병리학적으로 중태인 사람의 경우, 복수는 그의 삶에서 지배적인 목적이 된다. 복수할 일이 없으면 자존심은 말할 것도 없고 자각과 동일감조차 무너질 듯한 위협을 받기 때문이다. 마찬가지로 우리는 경제적 또는 문화적이고 감정적 측면에서 가장 후진적인 집단의 복수심(예컨대 지난날 조국의 패배에 대한 것 등)이 가장 강렬하다는 것을 알 수 있다. 따라서 산업화한 국가 때문에 가장 많은 것을 빼앗긴 중산 하층 계급

1) 피해자가 받은 것과 동일한 피해를 가해자에게 주는 복수법.

이 많은 나라에서 급진주의적이고 민족주의적인 감정의 초점이 되듯 복수라는 감정의 초점이 된다.

투사질문지법投射質問紙法[4]을 이용해 복수심의 강도와 경제적·문화적 빈곤화 사이의 상관관계를 입증하기는 어렵지 않을 것이다. 아마도 이해하기가 어려운 것은 미개사회에서의 복수일 것이다. 많은 미개사회는 강렬할 뿐 아니라 심지어 제도화되기까지 한 복수심과 복수의 패턴을 가지고 있으며, 그 집단의 일원에게 가해진 위해에 대해 집단 전체가 복수하지 않으면 안 된다고 느낀다.

여기에는 두 가지 요인이 결정적 역할을 하는 듯하다. 첫째는 대체로 앞서 말한 것과 비슷한 것으로 원시 집단에 고루 퍼져 있으면서 복수를 상실에 대한 보상의 필수 수단으로 삼게 하는 정신적 기근 분위기다. 둘째는 자아도취로 4장에서 자세히 검토하게 될 현상이다. 지금은 다음과 같이 말하는 것만으로 충분할 것이다. 즉 원시 집단이 지니고 있는 강렬한 자아도취로 볼 때 이 집단의 자아상selfimage에 대한 어떠한 모욕도 너무나 중대한 것으로 여겨져서 아주 사연스럽게 강렬한 적대감을 일으킨다.

---

4) 생각나는 대로 자유롭게 대답하도록 하는 질문지법이다. 질문지에 대한 대답에서 '의견'이 아닌 개인 내면에서 무의식적으로 작용하는 힘에 관한 자료를 얻기 위해 무의식적이고 의도 없는 의미를 해석한다.

흔히 복수심의 폭력과 밀접한 관련이 있는 것이 어린이가
겪게 되는 **믿음의 파탄**이 원인이 된 파괴성의 원천이다. 여기
서 말하는 믿음의 파탄은 무엇을 의미할까?

어린이는 선과 사랑과 정의에 대한 믿음을 가지고 삶을 시
작한다. 갓난아이는 엄마의 젖가슴을 믿으며, 추울 때는 언제
나 엄마가 따뜻하게 해주고, 아플 때는 언제나 엄마가 편안하
게 해줄 거라고 믿는다. 갓난아이는 아빠, 엄마, 할아버지,
할머니 혹은 가까이 있는 모든 사람들에 대해서 이러한 믿음
을 가질 수 있다. 또한 이러한 믿음은 신에 대한 믿음으로 표
현될 수도 있다.

하지만 대부분의 사람늘의 경우 이러한 믿음은 아수 어릴
적에 파탄을 맞게 된다. 어린이는 아버지가 중요한 문제에 거
짓말을 하는 것을 듣게 되며, 비겁하게도 어머니를 무서워해
서 어머니를 달래기 위해 쉽게 자신을 배반하는 것을 본다. 그
는 어버이의 성교 장면을 목격하고 아버지를 야수로 생각할지
도 모른다. 그는 불행해지고 겁을 먹게 되지만 그에게 관심이
많은 체하는 어버이 어느 쪽도 눈치를 채지 못하며, 설령 그
가 어버이에게 그런 말을 하더라도 전혀 주의를 기울이지 않을
것이다. 이처럼 어버이의 사랑과 믿음직스러움과 정의에 대
한 본래 믿음이 파탄을 맞게 되는 경우가 많다.

종교적인 분위기에서 자라난 어린이의 경우 때로 이러한

믿음의 상실은 직접 신을 향해 방향을 돌리기도 한다. 어린이는 자신이 사랑하던 작은 새나, 벗이나, 누이의 죽음을 경험하면서 착하고 올바른 존재로서의 신에 대한 믿음에 파탄을 맞게 된다. 그러나 파탄을 일으킨 것이 사람에 대한 믿음이든 신에 대한 믿음이든 큰 차이는 없다. 부서져버리는 것은 언제나 삶에 대한, 삶을 신뢰하고 삶을 확신할 가능성에 대한 믿음이다. 어떤 어린이든 많은 환멸을 느끼게 되리라는 것은 부인할 수 없는 사실이다. 하지만 문제가 되는 것은 실망감이 주는 날카로움과 격렬함이다.

믿음에 파탄을 일으키는 최초의 결정적인 경험은 흔히 네 살이나 다섯 살, 여섯 살 때 또는 그것보다 더 이른, 인생에서 거의 기억조차 할 수 없는 시기에 일어난다. 믿음의 마지막 파탄은 흔히 훨씬 나중에 찾아온다. 자신이 신뢰하고 있던 벗이나 애인, 스승이나 종교적 혹은 정치적 지도자에게 배반당한 후 그렇게 되는 것이다. 드물게는 단 한 번의 사건이 그렇게 만들기도 하지만 오히려 수많은 작은 경험들이 쌓이고 쌓여서 사람늘의 믿음을 파탄시킨다.

이러한 경험에 대한 반응은 각기 다르다. 어떤 사람은 자신을 실망시킨 특정한 사람에게 의존하는 것을 그만두고 더욱 자립적인 사람이 되어 신뢰할 수 있고 믿음을 가질 수 있는 새로운 벗이나 새로운 스승, 새로운 애인을 찾아내는 식으로 반응할 것이다. 이는 초기에 겪은 실망에 대한 가장 바람직한 반응이다.

또는 다음과 같은 경우도 많다. 그는 회의적으로 변해 믿음을 되찾아줄 기적을 바라고, 사람들을 시험해보고, 이 사람들마저 차례로 실망시킬 때에는 여전히 다른 사람을 시험해보거나 다시금 믿음을 얻기 위해 교회나 정당이나 지도자 같은 강력한 권위의 품속으로 몸을 던진다. 흔히 그는 돈이나 권력이나 명성 같은 세속적 목적을 미친 듯이 추구함으로써 삶에 대한 믿음을 상실한 절망감을 이겨낸다.

폭력과 관련된 중요한 반응이 여전히 한 가지 남아 있다. 심각한 기만을 당하고 실망한 사람은 삶을 증오하기 시작하는 것이다. 만일 믿을 만한 것도 믿을 만한 사람도 없다면, 만일 선과 정의에 대한 믿음이 모두 어리석은 환상에 지나지 않는다면, 만일 삶을 지배하는 것이 신이 아니라 오히려 악마라면 삶은 참으로 가증스러운 것이 되어버린다.

사람들은 이미 실망의 고통을 감당할 수 없게 되었다. 이제 그는 삶은 악이고, 사람들은 악하며, 자기 자신도 악하다는 것을 증명해 보이려고 한다. 따라서 삶을 믿고 사랑하다가 실망한 사람은 삶을 냉소하며 파괴하는 자가 된다. 이러한 파괴성은 일종의 절망감이다. 삶에 대한 실망 때문에 삶을 증오하게 되는 것이다.

임상 경험을 통해 나는 이와 같이 삶에 대한 믿음의 상실을 깊이 경험한 사람을 자주 보게 되는데 이러한 경험은 대체로 그에게는 삶에 대한 가장 중요한 '시도 동기leitmotiv'가 된다. 이 말은 신뢰하고 있던 지도자가 악하거나 무능하다는 것이 입증된 사회생활에도 마찬가지로 적용된다. 이러한 반응이 더욱 독립적으로 바뀔 수 있는 반응이 아닐 때 그 반응은 흔히 냉소주의나 파괴성 쪽으로 기울어진다.

이러한 모든 폭력 형태는 현실적인 그대로, 혹은 마술적으로, 혹은 적어도 삶에 대한 상처나 실망의 결과로서 삶에 영향을 미친다. 하지만 지금 다루게 될 형태인 **보상적 폭력**은 3장에서 다루게 될 '죽음에 대한 사랑necrophilia'보다 심하지는 않더라도 더욱 병적인 형태이다.

나는 보상적 폭력을 '무력'한 사람에게 나타나는 생산적 활동에 대한 대상代償으로 보고 있다. 여기서 쓰인 무력이라는 말을 이해하기 위해 우리는 몇 가지 예비적 고찰을 하지 않으면 안 된다. 인간은 인간을 지배하는 자연적·사회적 힘의 대상이지만 동시에 **오직** 환경의 대상으로 그치지는 않는다. 인간은 어떤 한계 안에서 세계를 변형시키고 변화시키려는 의지와 능력과 자유를 갖는다. 여기서 중요한 것은 의지와 자유[5]

5〉 자유에 대한 문제는 6장에서 다루기로 한다.

의 범위가 아니라 인간이 절대적인 수동성을 묵인할 수 없다는 사실이다. 그는 스스로 변형**되고** 변화**될** 뿐 아니라 세상에 그의 흔적을 남기려 하고 세상을 변형시키고 변화시키려 한다.

이러한 인간의 욕구는 초기 동굴 벽화나 모든 예술 작업, 성욕에서 드러난다. 이 모든 활동들은 자신의 의지를 어떤 목표로 향하게 하고 그 목표가 이루어질 때까지 노력을 계속하는 사람의 능력이 빚어낸 결과다. 이와 같이 자신의 힘을 이용하는 능력을 **잠재력**potency이라고 한다(성적 잠재력은 잠재력의 한 형태에 지나지 않음).

허약하거나 불안하거나 무능하다는 등의 이유로 사람이 **행동**할 수 없을 때, 따라서 심한 무력감을 느낄 때 그는 고통을 겪는다. 무력하기 때문에 찾아오는 이러한 고통은, 균형이 무너졌을 때 사람은 행동할 수 있는 능력을 되찾기 위해 노력해보지도 않고 완전한 무력 상태를 받아들일 수 없다는 사실에 바탕을 두고 있다.

그러나 과연 그는 그렇게 할 수 있을까? 그리고 어떻게? 한 가지 방법은 힘을 가진 사람이나 집단에 복종하고 동화同化되는 것이다. 타인의 삶에 이와 같이 상징적으로 참여함으로써 사람은 사실은 행동하는 사람들에게 복종하고 그 일부분이 된 것에 지나지 않을지라도 자기 스스로 행동한다는 환상을 갖는다. 다른 방법은 여기서 가장 우리의 관심을 끄는 것으로 인간이 지닌 파괴하는 힘을 사용하는 것이다.

삶을 창조한다는 것은 주사위가 컵에 던져지듯 삶 속으로 던져진 피조물로서의 자신의 지위를 초월하는 것이다. 그러나 삶을 파괴하는 것 역시 이러한 지위를 초월해 완전한 수동성이라는 참을 수 없는 고난을 피하는 것을 뜻한다. 삶을 창조하기 위해서는 무력한 사람이 갖추지 못한 특성들이 필요하다. 삶을 파괴하기 위해서는 오직 한 가지, 힘의 사용이 필요할 뿐이다. 무력한 사람이 권총이나 칼 또는 강력한 무기를 가지고 있다면, 그는 다른 사람의 생명이든 자기 자신의 생명이든 무조건 이를 파괴함으로써 삶을 초월할 수 있다. 이렇게 해서 그는 **그에게 부정적 태도를 취하는 삶에 복수한다.**

보상적 폭력은 바로 무력함에 뿌리를 두고 있는, 무력함을 보상하려는 폭력이다. 창조할 수 없는 사람이 파괴하려고 하는 것이다. 창조하고 혹은 파괴함으로써 사람은 단순한 피조물로서의 자신의 역할을 초월한다. 카뮈가 칼리굴라[2]로 하여금 "나는 살리고 죽이며 파괴자의 열광적인 힘을 발휘한다. 이에 비하면 창조자의 힘은 어린애 장난에 지나지 않는다"고 말하게 했을 때, 그는 이러한 사상을 간결하게 표현하고 있는 것이다. 이는 무능한 자의 폭력이며, 각별히 인간다운 힘을 적극

---

2) 카뮈가 1948년에 발표한 희곡 『칼리굴라』의 주인공.

적으로 나타낼 능력을 거부당한 사람들의 폭력이다. 그들은 바로 인간이기 때문에 파괴하지 않을 수 없다. 인간이라는 것은 사물事物의 성질을 초월했다는 뜻이기 때문이다.

보상적 폭력과 밀접히 관련되어 있는 것은 동물이든 인간이든 생물을 완전히 절대적으로 지배하려는 충동이다. 이러한 충동이 **가학증**의 본질이다. 『자유로부터의 도피』에서 지적한 것처럼 가학증의 본질은 남에게 고통을 주려는 것이 아니다. 우리가 관찰할 수 있는 여러 가지 형태의 가학증은 모두 하나의 본질적인 충동, 즉 다른 사람을 완전히 지배하고, 그 사람을 우리 의지를 펼칠 무력한 대상으로 삼고, 그의 신이 되어 그를 마음대로 다루려는 충동으로 귀속된다. 그에게 모욕을 주고 그를 노예로 만드는 것이 이러한 목적을 달성하는 수단이며 가장 극단적인 목적은 그를 괴롭히는 것이다. 타인을 지배하는 힘 가운데 다른 사람이 자기 자신을 지킬 방도도 없이 고통을 겪게 하는 것보다 더 큰 지배력은 없기 때문이다.

다른 사람이나 생명체를 완전히 지배함으로써 갖게 되는 즐거움은 가학적 충동의 본질이다. 같은 사상을 달리 표현하면, 가학증의 목적은 사람을 사물로 바꾸고 생명 가진 것을 생명 없는 것으로 만드는 것이다. 완전하고 절대적인 통제로 인해 생물은 삶의 본질적 성질, 곧 자유를 잃게 되기 때문이다.

개인과 집단에 있어 파괴적이고 가학적인 폭력이 얼마나

자주 강렬하게 일어나는지 경험하게 된다면 우리는 보상적 폭
력이 피상적인 것도, 나쁜 영향을 받은 결과나 나쁜 습관도 아
님을 이해할 수 있다. 이러한 폭력은 살려는 소망과 마찬가지
로 팽팽하고 강렬하게 인간의 마음속에 있는 힘이다. 이는 삶
의 불구 상태에 대한 반항이기 때문에 그토록 강렬한 것이다.

사람은 사람이기 때문에, 사람은 사물이 아니기 때문에,
그리고 사람은 삶을 창조하지 못하면 파괴하지 않을 수 없기
때문에 파괴적이고 가학적인 폭력에 대한 잠재력을 갖게 된다.
수천 명의 무력한 사람들이 야수가 사람을 잡아먹거나 사람들
끼리 서로 죽이는 것을 보며 극도의 즐거움을 맛보던 로마의
원형극장은 가학증의 커다란 기념비라 할 수 있다.

이러한 고찰로부터 다음과 같은 사실이 드러난다. 보상적
폭력은 활기 없고 무능력한 생활의 소산이자 그 필연적 결과이
다. 그것은 처벌에 대한 공포에 의해 억제될 수도 있고 다양한
구경거리나 오락으로 그 방향을 돌릴 수도 있다. 그러나 보상
적 폭력은 충분한 힘을 갖고 잠재력으로 남아 있으며 억제하는
힘이 약해질 때는 언제나 슬며시 고개를 든다.

보상적 파괴성을 고칠 수 있는 유일한 길은 사람의 창조적
인 잠재력, 다시 말해 사람의 힘을 스스로 생산적으로 사용할
수 있는 능력을 발달시키는 것이다. 사람은 무능하지 않을 때
에만 파괴자나 가학자가 되지 않을 수 있으며, 삶에 관심을 가

질 수 있는 상태일 때만 과거와 현재의 인간 역사를 수치로 얼룩지게 한 충동들이 멀리 사라지게 할 수 있다.

보상적 폭력은 반동적 폭력이 삶에 이바지하는 것처럼 삶에 이바지하는 것은 아니다. 이는 삶에 대한 병적인 **대상**代償일 뿐이다. 이는 삶의 무능함과 공허함을 나타낸다. 그러나 이러한 폭력은 삶을 부정하고 있다는 바로 그 점 때문에 아직도 활기에 차 있고 무능해지지 않으려고 하는 사람의 욕구를 입증해주고 있다.

마지막으로 꼭 설명할 필요가 있는 폭력의 또 한 가지 유형이 있다. 바로 **원초적인 피에 대한 목마름**이다. 이는 무능한 자의 폭력이 아니다. 이는 아직도 완전하게 자연과 유대감을 지니고 있는 사람의 피에 대한 목마름이다. 그의 이러한 목마름은 그가 앞으로 나아가며 충분히 사람답게 되는 것을 두려워하기 때문에 삶을 초월하는 한 방법으로 죽이고자 하는 격정을 뜻한다(이는 내가 후에 다루게 될 선택이다).

전前 개성적인 존재 상태로 퇴행함으로써, 다시 말해 동물처럼 되어 이성이라는 무거운 짐을 벗어던짐으로써 삶에 대한 해답을 찾으려는 사람의 경우 피는 삶의 본질이 된다. 피를 흘리게 하는 것은 살아 있다는 느낌을 주고, 강하고 독특하고 다른 모든 사람들보다 우월하다는 느낌을 준다.

죽이는 것은 가장 원초적인 수준에 있어서 강렬한 자아도취이자 강렬한 자기 확인이 된다. 반대로 죽음을 당하는 것은 죽이는 것에 대한 논리적 양자택일에 지나지 않는다. 이것이 원초적 의미에 있어서의 삶의 균형이다. 곧 가능한 한 많은 것을 죽여서 그의 삶이 피에 싫증을 내게 되었을 때 그는 죽음을 당할 준비가 되어 있는 것이다. 이러한 의미에서 볼 때 죽이는 것은 본질적으로 죽음을 사랑하는 것은 아니다. 이는 가장 심각한 퇴행 수준에 있어서의 삶의 긍정이고 초월이다.

우리는 개인들에게서도 이러한 피에 대한 목마름을 찾아볼 수 있다. 때로는 환상이나 꿈에서, 때로는 심한 정신병이나 살인에서……. 우리는 이러한 피에 대한 목마름을 국가 사이의 전쟁이든 내란이든 정상적인 사회의 금지가 해제된 전쟁이 일어났을 때 소수의 사람들에게서 찾아볼 수 있다. 또한 우리는 이러한 피에 대한 목마름을 죽이는 것 또는 죽음을 당하는 것이 삶을 지배하는 양극이 되고 있는 원초적 사회에서 찾아볼 수 있다. 우리는 이러한 피에 대한 목마름을 아스테크 사람들[3]의 인신 제물 같은 현상에서, 몬테네그로[6]나 코르시카 같은 곳에서 행해지던 피의 복수에서, 또는 『구약성서』에 나오는

---

3) 멕시코 원주민으로 1519년 스페인의 코르테스에게 정복당할 때까지 독특한 문명을 발달시켰다.

6) 몬테네그로(유고슬라비아 서남부 지방으로 원래는 왕국이었다—옮긴이)의 생활방식에 대해서는 질라스의 설명 참조. 그는 여기서 죽이는 것은 사람이 경험할 수 있는 최대의 자랑이자 도취라고 설명한다.

신에 대한 제물로서의 피의 역할에서 찾아볼 수 있다.

살인의 기쁨에 대한 명쾌한 서술 가운데 하나를 G. 플로베르의 단편소설 『자선가 성 줄리앙의 전설』에서도 찾아볼 수 있다. 플로베르는 태어날 때 위대한 정복자가 되고 위대한 성인이 되리라는 예언을 받은 사람을 묘사하고 있다. 그는 죽이는 것이 얼마나 흥분되게 하는 일인가를 발견하기 전까지는 정상적인 어린애로 자라났다. 그러던 어느 날 교회에서 예배를 보던 중 벽 구멍에서 조그만 생쥐 한 마리가 종종걸음으로 달려나오는 것을 보았고 그 후로도 여러 번 이 생쥐를 목격했다. 화가 난 그는 이 쥐를 없애버리기로 결심했다.

"그래서 그는 문을 닫은 후 제단 계단에 과자 부스러기를 뿌려놓고 손에 막대기를 든 채 구멍 앞에서 기다렸다. 아주 오랜 시간이 흐른 후 처음에는 빨갛고 조그마한 코가 보이더니 다음에는 생쥐가 온통 드러났다. 그는 가볍게 한 번 내려치고는 벌써 움직이지 못하게 된 작은 시체 앞에 멍청히 서 있었다. 한 방울의 피가 바닥의 돌을 물들이고 있었다. 그는 소맷자락으로 재빨리 피를 닦아내고 생쥐를 밖으로 집어던지고는 아무에게도 이 일을 말하지 않았다."

그 후에 새를 목졸라 죽일 때 "새가 몸부림치는 것을 보자 그의 심장이 뛰었으며 그의 마음속에는 잔인하면서도 격렬한 기쁨이 가득 찼다".

피를 흘리게 하는 환희를 경험한 다음부터 그는 동물을 죽이는 데 열중했다. 그에게 죽음을 당하지 않을 만큼 강하고 날쌘 짐승은 없었다. 피를 흘리게 하는 것은 모든 삶을 초월하게 하는 방법 가운데 하나로 최고의 자기 확인이 되어주었다. 수년 동안 그는 동물을 죽이는 일에서만 격정과 흥분을 느꼈다. 그는 밤에는 "피와 진흙투성이가 되어 야수의 냄새를 풍기면서 집으로 돌아왔으며 점점 더 야수처럼 되어갔다".

그는 동물로 변하려는 목적을 거의 달성했으나 인간인 까닭에 이 목적을 완전히 달성할 수는 없었다. 그때 그에게 들려온 어떤 목소리가 그가 결국 아버지와 어머니를 죽이게 되리라 말해주었다. 그는 깜짝 놀라서 성에서 빠져나왔으며 동물을 죽이지 않는 대신 모두가 두려워하는 이름 있는 군대의 지휘관이 되었다. 위대한 승리에 대한 보상으로 그는 빼어나게 아름답고 사랑스런 여자를 얻었다. 그는 군대를 그만두고 아내와 행복한 생활을 하기 위해 한곳에 정착했다. 하지만 왠지 지루하고 기운이 없어서 견딜 수가 없었다. 어느 날 그는 나시 사냥을 시작했으나 알 수 없는 이상한 힘이 활을 쏘지 못하게 만들었다.

"그러자 그가 여태껏 사냥한 온갖 짐승들이 다시 나타나 그를 빙 둘러쌌다. 어떤 짐승은 웅크리고 앉아 있었고 어떤 짐승은 서 있었다. 이 짐승들에게 둘러싸인 줄리앙은 겁에 질려

꼼짝도 할 수 없었다."

그는 아내가 있는 성으로 돌아가기로 마음먹었다. 그런데 그가 없는 동안 그의 늙은 부모가 그의 성에 찾아왔다. 그의 아내는 그들에게 자신의 침실을 내주었다. 돌아온 그는 부모를 아내와 정부인 줄로 잘못 알고 죽여버렸다. 그가 극단적인 퇴행에 도달했을 때 커다란 전환이 일어났던 것이다.

결국에 그는 성인이 되어 가난한 사람과 병자를 위해 일생을 바쳤으며 마침내 문둥이마저 꼭 껴안아 따뜻하게 해주었다.

"줄리앙은 푸른 하늘로 올라가 주 예수를 만났고, 예수는 그를 하늘나라로 데려갔다."

플로베르는 이 소설에서 피에 대한 목마름의 본질을 말하고 있다. 그것은 가장 원초적 형태에 있어서는 삶에 대한 도취이다. 그러므로 인간은 삶과의 관계에서 이와 같은 가장 원초적인 수준에 도달한 다음에도 최고의 발달 단계, 곧 자신의 인간성에 의해 삶을 긍정하는 단계로 되돌아갈 수 있는 것이다.

이러한 죽임에 대한 목마름은 앞서 말한 바와 같이 3장에서 검토하게 될 죽음에 대한 사랑과 동일하지 않음을 아는 것이 중요하다. 피는 삶의 본질로서 경험되는 것이다. 따라서 남이 피를 흘리게 하는 것은 어머니 대지가 비옥해지기 위해 필요한 것을 줌으로써 대지를 기름지게 하는 것이다(피를 흘리게 하는 것이 우주의 기능을 계속하게 하는 조건으로 필수라는 아스테크 사람들의 신앙 또는 카인과 아벨 이야기와 비교해보기 바란다). 자기 자신의 피를 흘린다 해도 그는 대지를 기름지게 하며 대지와 하나가 된다.

이러한 퇴행 단계에서 피는 정액과 동일하고 대지는 어머니 여성과도 같다. 정액과 정자는 남성과 여성의 양극, 곧 남성이 여성을 욕망과 사랑의 대상으로 삼을 정도로 대지로부터 충분히 벗어나기 시작했을 때만 중심이 되는 양극의 표현이다.[7] 피를 흘리는 것은 죽음으로 끝나지만 정자를 흘리는 것은 탄생으로 끝난다. 그러나 비록 동물적 생존 수준을 거의 넘어서지 못하는 것이긴 해도 전자의 목표는 후자의 목표와 마찬가지로 삶을 긍정하는 것이다.

죽이는 자도 만약 완전히 태어난다면, 만약 대지와의 유대를 던져버린다면, 그리고 만약 자아도취를 극복한다면 사랑하는 자가 될 수 있다. 그러나 그가 이렇게 할 수 없다면 그의 자아도취와 원초적 고착은 죽음의 길과 너무나 밀접하기에 피에 목마른 사람과 죽음을 사랑하는 사람의 차이를 거의 분간할 수 없는 삶의 길로 그를 빠뜨리게 될 것임을 부정할 수 없다.

---

7) 성서 속에서는 신이 이브를 아담의 '배필'로 삼는데 이는 이러한 새로운 기능을 보여준다.

3

죽음에 대한 사랑과 삶에 대한 사랑

2장에서 우리는 직접적으로 혹은 간접적으로 삶의 목적에 이바지하기 때문에 또는 이바지하는 듯 보이기 때문에 아직도 다소 양성良性이라 생각되는 폭력과 공격성의 여러 형태들을 검토했다. 이번 장과 다음 장들에서 나는 삶에 **반대**하고 중한 정신병의 핵심이 되며, 참된 악의 본질이라 할 만한 경향들을 다루고자 한다 이번 장에서 우리는 세 가지 종류가 다른 정위, 곧 죽음에 대한 사랑necrophilia(삶에 대한 사랑은 biophilia), 자아도취, 어머니에 대한 공생적 고착에 대해 보게 될 것이다.

나는 이 세 가지 모두에는 비중이 극히 적어서 전혀 병적이라 생각하지 않아도 될 양성 형태들이 있음을 밝히려고 한다. 그러나 우리는 이러한 세 가지 정위의 악성 형태들에 역점을 둘 것이며, 이들은 가장 위험한 형태에 있어서는 마침내 쇠퇴의 증후군을 형성하리만치 집중된 모습을 나타낸다. 이런 증후군은 악의 전형을 보여주며, 병리학적으로 가장 심각한 것인 동시에 가장 악랄한 파괴성과 잔인성의 근원이 되기도 한다.

내가 아는 한 **죽음에 대한 사랑**이라는 문제의 핵심을 가장 잘 소개한 것은 스페인 철학자 우나무노가 1936년에 한 짧은 말이다. 스페인 내란이 시작되었을 때 자신이 학장으로 있던 살라망카 대학교에서 밀랑 아스트레이 장군의 강연을 들은 후 한 말이었다. 장군이 좋아하는 표어는 '죽음이여, 만세!'였으며, 장군의 추종자 가운데 하나가 강당 뒤쪽에서 이 구호를 외쳤다. 장군이 강연을 끝냈을 때 우나무노는 일어나 다음과 같이 말했다.

"방금 나는 **죽음이여, 만세!**라는 죽음을 사랑하는 무의미한 외침을 들었습니다. 나는 남들에게 이해할 수 없는 분노를 일으키는 역설을 만들어내는 데 평생을 바쳐왔습니다만, 이러한 전문가로서 여러분에게 이 구호가 내포한 기괴한 역설이 심한 불쾌감을 일으킨다는 것을 말하지 않을 수 없습니다.

밀랑 아스트레이 장군은 불구자입니다. 조금도 목소리를 낮출 필요 없이 이렇게 말합시다. 그는 상이군인입니다. 세르반테스도 마찬가지였습니다. 불행하게도 지금 스페인에는 너무나 많은 불구자가 있습니다. 신이 도와주지 않는다면 곧 더 많은 불구자가 생겨나게 될 것입니다. 밀랑 아스트레이 장군이 대중심리학의 패턴을 보여주지 않을 수 없었던 것을 생각하면 내 마음이 아픕니다. 세르반테스처럼 정신적 위대성을 갖추지 못한 불구자는 주위 사람들을 불구로 만들어 여기서 불길한 위안을 찾게 되기 쉽습니다."

이렇게 되자 밀랑 아스트레이도 더는 참을 수가 없었다. 그는 **지성인을 타도하라**고 소리쳤다.

"죽음이여, 만세!"

팔랑헤 당원[1]들은 이 말을 지지하며 고함을 쳤다. 그러나 우나무노는 굽히지 않았다.

"이곳은 지성의 성전입니다. 그리고 나는 이 성전의 최고 성직자입니다. 이 성역을 더럽히는 것은 바로 당신입니다. 당신은 이기기 위해 필요한 야만적 힘을 더 많이 가지고 있으므로 이길 수 있을 것입니다. 그러나 당신은 사람들에게 확신을 줄 수는 없을 것입니다. 확신을 주기 위해서 당신은 설득하지 않으면 안 됩니다. 그리고 설득하기 위해서는 당신에게 없는 것, 곧 이성과 투쟁에 있어서의 정당성이 필요합니다. 나는 스페인을 생각해달라고 당신에게 부탁해봤자 아무 소용이 없으리라 생각합니다. 이상입니다."[1]

우나무노는 '죽음이여, 만세!' 라는 외침에 내포된 죽음을

---

1) 1934년 스페인에서 창립된 파시스트당 당원을 말한다.
1〉 H. Thomas, 『The Spanish Civil War』에서 인용. 우나무노는 수개월 후 사망할 때까지 자택에 연금되었다.

사랑하는 성격에 대해 말하면서 악의 문제에 관한 핵심을 찌르고 있다. 심리적으로나 도덕적으로 사람들을 구별하는 경우, '죽음을 사랑하는 사람necrophilous'과 '삶을 사랑하는 사람biophilous'이라는 구별보다 더 근본적인 구별은 없다. 그렇다고 해서 이 말이 어떤 한 사람이 완전히 죽음을 사랑하거나 완전히 삶을 사랑한다는 뜻은 아니다. 전적으로 죽음에 헌신하는 사람들도 있지만 이들은 미친 자들이다. 한편 전적으로 삶에 헌신하는 사람들도 있는데 그들은 인간으로서 가능한 최고 목적을 달성함으로써 우리를 놀라게 한다.

많은 사람들에게서 죽음을 사랑하는 경향과 삶을 사랑하는 경향이 함께 나타나는데, 그 혼합 정도는 다양하다. 중요한 것은 생명 현상이 언제나 그렇듯이 어떤 경향이 더 강해서 그 사람의 행동을 결정짓는가 하는 점이지 두 가지 정위 가운데 하나가 전혀 없거나 또는 완전하다는 것을 뜻하지는 않는다.

'biophilia'가 '생명에 대한 사랑'을 뜻하듯이 글자 그대로의 'necrophilia'는 '죽은 자에 대한 사랑'을 뜻한다. 이 말은 보통 성적 도착倒錯, 다시 말해 성교 목적으로 여자의 시체를 가지려는 욕망[2] 또는 죽은 자와 함께 있으려고 하는 병적 욕망

2〉 크라프트-에빙, 히르슈펠트, 그 밖의 몇몇 사람들은 이 같은 욕망에 사로잡힌 많은 환자의 예를 들고 있다.

을 가리킨다. 흔히 있는 일이지만 실제로 성적 도착은 많은 사람들에게서 성적 혼합 없이 발견되는 정위가 더욱 공공연하고 명백하게 나타난 것에 지나지 않는다. 우나무노는 '죽음을 사랑한다' 는 말을 장군의 연설에 적용했을 때 이 점을 명백히 알고 있었다. 그는 장군이 성적 도착에 사로잡혀 있다고 말한 것이 아니라 장군이 삶을 미워하고 죽음을 사랑한다고 말한 것이다.

이상스럽게도 죽음에 대한 사랑은 프로이트가 말하는 **죽음의 본능** 및 **항문가학적**anal-sadistic **성격**과 관련이 있는데도 정신분석 문헌에서 한번도 일반적 정위로서 설명된 적이 없다. 이에 관한 연관성에 대해서는 나중에 말하기로 하고 우선 죽음을 사랑하는 사람에 대해 설명하기로 하자.

죽음을 사랑하는 정위를 가진 사람은 살아 있지 않은 모든 것, 다시 말해 죽어 있는 모든 것, 곧 시체, 부패, 배설물, 오물에 집착하고 매혹당하는 사람들이다. 죽음을 사랑하는 사람들은 병에 대해, 장례식에 대해, 죽음에 대해 말하기를 좋아하는 사람들이다. 그들은 오로지 죽음에 대해 말할 때만 생기가 돈다.

순수하게 죽음을 사랑하는 유형을 보여주는 명백한 예는 히틀러이다. 그는 파괴에 매혹되었고 죽음의 냄새는 그를 즐겁게 했다. 성공적이었던 시기에 그는 적이라 생각하는 사람들만을 파멸시키려 하는 듯했으나 말기 **신들의 어스름** 시기에 그는 전체적이고 절대적인 **파괴**, 곧 독일 사람들과 자기 주변 사람들과 자기 자신의 파멸을 지켜봄으로써 가장 깊은 만족감을 느낄 수 있었다는 사실이 밝혀졌다. 비록 증거가 없긴 하지만 제1차 세계대전에 대한 한 보고서는 중요한 의미를 갖는다. 한 병사가 썩은 시체를 바라보며 넋을 잃고 꿈쩍도 하지 않으려는 히틀러를 보았다는 것이다.

죽음을 사랑하는 사람은 과거에 살 뿐 결코 미래에 살지 않는다. 그들의 감정은 본질적으로 감상적이다. 다시 말해 그들은 어제 가졌던 감정, 또는 가졌었다고 믿는 감정에 대한 기억을 소중히 여긴다. 그들은 냉담하고 쌀쌀하며 '법과 질서'의 신봉자다. 그들이 가치 있다고 생각하는 것은 우리가 정상적인 생활과 관련짓는 가치와는 정반대되는 것이다. 다시 말해 삶이 아니라 죽음이 그들을 흥분시키고 만족시킨다.

죽음을 사랑하는 사람의 특징은 힘에 대한 태도에서도 볼 수 있다. 시몬 베유의 정의를 인용하면 힘은 사람을 시체로 바꾸어놓는 능력이다. 성욕이 생명을 창조할 수 있는 것처럼 힘은 생명을 파괴할 수 있다. 모든 힘은 궁극적으로는 죽이는 힘에 바탕을 둔다. 누군가를 죽이지 않고 그에게서 자유만을 빼앗을 수도 혹은 단지 모욕하거나 재산을 빼앗을 수도 있지만, 내가 어떤 일을 하든 그 배후에는 나의 죽이는 능력과 죽이려는 의도가 있는 것이다. 죽음을 사랑하는 사람은 반드시 힘을 사랑한다. 그의 경우 사람이 성취할 수 있는 가장 위대한 것은 생명을 주는 것이 아니라 생명을 파괴하는 것이다. 힘의 사용은 환경 때문에 강요받게 된 일시적인 행동이 아니라 생활방식인 것이다.

이는 왜 죽음을 사랑하는 사람이 그토록 힘에 매혹당하는지 설명해준다. 삶을 사랑하는 사람의 경우 사람의 양극이 남성과 여성이라는 양극에 있듯 죽음을 사랑하는 사람의 경우 또 하나의 아주 다른 양극, 다시 말해 죽일 힘을 가진 자와 이러한 힘을 가지지 못한 자라는 양극을 갖는다. 죽음을 사랑하는 사람에게는 두 가지 '성性', 곧 강력한 자와 부력한 자, 숙이는 자와 죽음을 당하는 자가 있을 뿐이다. 그는 죽이는 자를 사랑하고 죽음을 당하는 자를 비웃는다.

이와 같이 '죽이는 자를 사랑하는 것'이 글자 그대로 받아들여지는 경우도 드물지 않다. 죽이는 사람들은 죽음을 사랑하는 사람의 성적인 집착과 환상의 대상이 된다. 단지 앞서 말한 성적 도착, 혹은 죽음을 사랑하는 사람들의 꿈에서 드물지 않게 찾아볼 수 있는 '시체를 먹으려고 하는 욕망necrophagia'이라는 도착의 경우보다 심하지 않을 뿐이다. 나는 죽음을 사랑하는 사람들이 꾸는 꿈의 예를 아주 많이 알고 있다. 꿈속에서 그들은 육체적으로는 결코 매혹당하지 않지만 그들의 힘과 파괴성 때문에 두려워하고 존경하고 있는 나이 많은 부인이나 남성과 성교를 한다.

히틀러나 스탈린 같은 사람들의 영향력은 바로 그들의 무제한으로 죽일 수 있는 능력과 죽이려는 의도에 있다. 그렇기 때문에 그들은 죽음을 사랑하는 사람들의 사랑을 받았다. 그밖의 많은 사람들은 그들을 무서워했으며 그들의 두려움을 자각하기보다는 오히려 찬양하려 했다. 그들은 이러한 지도자들에게서 죽음을 사랑하는 성질을 보지 못한 채 건설자, 구세주, 좋은 아버지의 모습만을 보았다. 만일 죽음을 사랑하는 지도자들이 자신이 건설자요 보호자라 가장하지 않았더라면 그들에게 매혹당한 수많은 사람들이 기꺼이 그들의 집권을 돕지는 않았을 것이며, 이 지도자들에게 쫓겨난 사람들이 아마도 금세 이들을 몰락시킬 수 있었을 것이다.

삶의 특징은 구성적·기능적 방식으로 성장하는 데 있지만 죽음을 사랑하는 사람은 성장하지 않는 모든 것, 기계적인 모든 것을 사랑한다. 죽음을 사랑하는 사람은 유기적인 것을 무기적인 것으로 바꾸어놓고, 마치 생명 있는 모든 사람이 사물이기라도 한 것처럼 삶에 기계적으로 접근하려는 욕망에 사로잡힌다.

이제 생명의 모든 과정, 감정과 사고는 사물로 바뀐다. 여기서는 경험보다는 기억이, 존재보다는 소유가 중요하다. 죽음을 사랑하는 사람은 오직 그것을 소유하고 있을 때에만 꽃이나 사람 같은 어떤 대상과 관계할 수 있다. 그러므로 자신이 소유하고 있는 것에 대한 위협은 자기 자신에 대한 위협과도 같다. 그가 만약 가진 것을 잃게 된다면 그는 세계와의 접촉을 잃게 될 것이다.

여기서 우리는 죽음을 사랑하는 사람들이, 생명을 잃음으로써 소유하고 있는 자 자신이 존재할 수 없게 되는데도 소유하는 것을 잃기보다는 오히려 생명을 잃고자 하는 역설적 반응을 보이는 까닭을 알 수 있다. 그는 지배하는 것을 사랑하고 지배하는 행위에 있어서 삶을 말살한다. 그는 삶을 몹시 두려워한다. 삶의 본성이란 무질서한 것이고 지배할 수 없는 것이기 때문이다.

솔로몬의 재판 이야기에서 자신이 어린애의 어머니라고 거짓말을 한 여자는 이러한 경향의 전형을 보여준다. 이 여자는 살아 있는 어린애를 잃기보다는 공정하게 나눈 죽은 어린애를 가지려고 한다. 죽음을 사랑하는 사람에게 정의는 정확한 분배를 뜻하고, 자신들이 말하는 정의를 위해서는 즐거이 죽이기도 죽기도 한다. 그들은 '법과 질서'를 우상으로 삼는다. 법과 질서를 위협하는 모든 것은 그들의 최고 가치에 대한 악마적 공격으로 생각된다.

죽음을 사랑하는 사람은 어둠과 밤에 집착한다. 신화와 시에서 그는 동굴이나 깊은 바다에 집착하는 사람 또는 장님으로 그려진다. 입센의 『페르귄트』에 나오는 거인들은 그 좋은 예로 이들은 장님[3]이고 동굴에 살며 그들의 유일한 가치는 **자가 양조**自家釀造한 또는 **자가 제품**인 자아도취적 가치다.

삶과 떨어져 있거나 삶에 반대하는 모든 것이 죽음을 사랑하는 사람을 매혹한다. 그는 자궁의 어둠 또는 무기적·동물적 존재였던 과거로 돌아가려고 한다. 그는 본질적으로 과거를 지향하고 미래를 지향하지는 않으며 미래를 증오하고 두려워한다. 이와 관련된 것이 그의 확실성에 대한 갈망이다. 그러나 삶은 결코 확실하지 않으며 결코 예측할 수 없고 통제할 수도 없다. 삶을 통제하려면 삶을 죽음으로 바꾸어야 한다. 사실상 죽음은 삶에 있어서 단 하나의 확실한 것이다.

죽음을 사랑하는 경향은 대체로 사람들의 꿈에서 가장 분명하게 나타난다. 이러한 꿈에서는 살인, 피, 시체, 해골, 배설물 등이 나오고, 때로는 사람이 기계로 변하거나 기계처럼 행동하기도 한다. 죽음을 사랑하는 경향을 보이지 않는 많은 사람들도 이러한 유형의 꿈을 꿀 수 있다. 죽음을 사랑하는 사람의 경우 이런 꿈을 꾸는 일이 잦고 때로는 되풀이되기도

---

3) 여기서 '장님'이 갖는 상징적 의미는 '참된 통찰'이 의미하는 것과는 전혀 다르다.

한다.

흔히 겉모습과 몸짓에서 극도로 죽음을 사랑하는 사람을 알아볼 수 있다. 그는 냉담해 보이고, 살갗은 죽은 사람처럼 보이며, 마치 나쁜 냄새를 맡은 듯한 불쾌한 표정을 짓는 경우가 많다. 우리는 이러한 표정을 히틀러의 얼굴에서 똑똑히 볼 수 있었다. 그는 규칙적이었고 강박관념에 사로잡혀 있었으며 현학적이었다.

아이히만의 모습은 죽음을 사랑하는 사람의 이러한 측면을 세계에 입증했다. 아이히만은 관료적 질서와 죽음에 매료되었다. 그에게 있어 최고 가치는 순종 그리고 조직의 원활한 기능 발휘였다. 그는 석탄을 운반하듯이 유태인을 운반했다. 그의 시야에서는 유태인이 사람이라는 사실이 희미해져갔으며, 따라서 그가 자신의 희생자들을 미워했는가 미워하지 않았는가 하는 문제는 논의의 대상이 되지 못한다.

그러나 죽음을 사랑하는 성격을 심문자 혹은 히틀러나 아이히만 같은 사람들에게서만 찾아볼 수 있는 것은 결코 아니다. 죽일 기회나 죽일 힘이 없는 사람도 무수하지만 그들의 죽음에 대한 사랑은 또다른, 피상적으로 보기에는 그다지 해롭지 않은 방식으로 나타난다. 자식의 병 혹은 실패나 미래에 대한 어두운 전망에 흥미를 느끼는 어머니가 그 예이다.

동시에 이러한 어머니는 바람직한 변화에는 전혀 감동받지 않고, 자식의 기쁨에는 아무런 반응도 보이지 않으며, 자식의 내면에서 자라나는 새로운 것에는 절대 주목하지 않을 것이다. 이런 어머니의 꿈에는 병, 죽음, 시체, 피 등이 등장한다. 이러한 어머니는 겉에 드러나는 방식으로 자식에게 해를 끼치지는 않지만 천천히 자식의 삶에 대한 기쁨, 성장에 대한 믿음을 질식시키고, 마침내는 죽음을 사랑하는 자신의 정위를 자식에게 감염시킨다.

대체로 죽음을 사랑하는 정위는 반대되는 경향이 나타났을 경우 갈등을 일으키며 그렇기 때문에 독특한 균형이 잡힌다. 이처럼 죽음을 사랑하는 성격 유형을 보여주는 두드러진 예는 C. G. 융[2]이다. 그가 죽은 다음에 출판된 자서전에는 이 점에 대한 충분한 증거들이 나와 있다. 그의 꿈은 대부분이 시체와 피와 죽이는 행위로 가득 차 있었다. 다음과 같은 사실에서 우리는 죽음을 사랑하는 그의 정위가 실제 생활에 전형적으로 나타난 모습을 볼 수 있다.

볼링겐에 융의 집이 세워지고 있을 때, 150년 전 나폴레옹이 스위스를 침공했을 당시 물에 빠져 죽은 프랑스 병사의 시체가 발견되었다. 융은 이 시체의 사진을 찍어 벽에 걸어놓았

---

2) 칼 구스타프 융(1875~1961)은 스위스의 심리학자, 정신병학자로 프로이트의 정신분석학에서 출발했으나 후에는 프로이트와 헤어졌다. 프로이트의 리비도 개념을 확충해 콤플렉스 개념을 제창했으며 꿈과 무의식에 대한 연구도 했다.

다. 그는 이 시체를 묻어주었으며 군대식 예포로 병사의 무덤 위에 총 세 발을 쏘았다. 표면상으로는, 이러한 행동이 조금 이상하기는 해도 다른 면에서는 전혀 의미가 없는 것처럼 보일 것이다. 그러나 실상 이는 의도적인 중요한 행위보다도 더욱 명백하게 잠재적인 정위를 보여주는 수많은 '사소한' 행동 가운데 하나다.

프로이트 자신도 이미 몇 해 전에 융의 죽음에 대한 정위에 주목하고 있었다. 프로이트와 융이 함께 미국으로 떠날 때, 융은 함부르크 근처 늪지대에서 발견된 잘 보존된 시체에 대해 열심히 이야기했다. 프로이트는 이런 이야기를 싫어해서 융에게 무의식적으로 자기(프로이트)가 죽었으면 하는 간절한 소망을 품고 있기 때문에 그 시체에 대해 말이 많은 것이라고 지적했다. 융은 화를 내며 완강히 부인했으나 몇 년 후 프로이트와 갈라설 무렵에 다시금 다음과 같은 꿈을 꾸었다.

그는 자신이 (흑인과 함께) 지크프리트[3]를 죽여야 한다고 생각했다. 그는 총을 들고 밖에 나가 지크프리트가 산꼭대기에 나타났을 때 쏘아 죽였다. 그 후 그는 자신의 범죄가 발각될 것이 두려워 벌벌 떨고 있었다. 그러나 다행스럽게도 폭우가 쏟

---

3) 독일 전설에 나오는 영웅으로 큰 용을 죽이고 보물을 빼앗아 여걸 브룬힐트가 군터 왕의 아내가 되게 했다.

아져 범죄의 모든 흔적을 씻어버렸다.

잠에서 깬 융은 이 꿈을 이해하지 못하면 자살이라도 해야겠다고 마음먹었다. 얼마 동안 골똘히 생각한 끝에 그는 다음과 같이 '이해'하게 되었다. 지크프리트를 죽인 것은 자기 마음속에 있는 영웅을 죽인 것을 뜻하고 따라서 자기 자신의 겸손을 나타낸 꿈이라고 이해했던 것이다. 꿈의 해석을 가장 큰 기술로 삼는 사람이었지만 그는 **지그문트**Sigmund[4]를 **지크프리트**Siegfried로 조금 변경시키는 것만으로도 이 꿈의 참된 의미를 자기 자신에게 숨기기에 충분했던 것이다.

어떻게 이와 같이 강한 억압이 가능할 수 있느냐고 묻는다면 그 대답은 다음과 같다. 곧 이 꿈은 그의 죽음을 사랑하는 정위가 나타난 것이었고 이 정위 전체가 강하게 억압되었기에 융이 꿈의 의미를 이해할 수 없었던 것이다.

이러한 점은 융이 '과거'에 매혹되었으며 '현재'나 '미래'에는 거의 매력을 느끼지 못했다는 사실, 그가 가장 좋아하는 물건은 돌이었고 어릴 적에 신이 교회에 큰 똥을 떨어뜨려 교회를 파괴한다는 환상에 젖어 있었던 사실과도 일치한다. 히틀러와 그의 민족 이론에 대해 융이 공감했던 것은 그가 죽음을 사랑하는 사람들과 인척 관계에 있었음을 뚜렷이 보여주는

---

4) 프로이트의 이름.

또 하나의 증거이다.

그러나 융은 뛰어나게 창조적인 사람이었다. 창조는 죽음에 대한 사랑과는 정반대되는 것이다. 그는 그의 파괴적인 힘과 치료되기 바라는 자신의 소망 및 능력 사이에서 균형을 잡음으로써, 또 과거와 죽음과 파괴에 대한 관심을 빛나는 사색주제로 삼음으로써 마음속 갈등을 해결했다.

죽음을 사랑하는 정위에 대한 지금까지의 설명에서 나는 여기서 기술한 **모든** 특징이 죽음을 사랑하는 사람에게서 반드시 발견된다는 인상을 주었을지도 모른다. 죽이고 싶다는 소망, 힘 숭배, 죽음과 오물에 대한 집착, 가학증, '질서'를 통해 유기적인 것을 무기적인 것으로 바꿔놓으려는 소망 등 이러한 정위가 보여주는 여러 가지 특징은 동일한 기본적 정위를 구성하는 다양한 부분들이라는 것이 사실이다.

그러나 개인이 문제가 되는 경우 이러한 각각의 경향은 강도에 있어서 상당한 차이를 보인다. 여기서 말한 특징 가운데 어떤 것도 남들보다 현저하게 많이 나타나는 사람들이 있다. 나아가 삶을 사랑하는 측면에 비해 어느 정도로 죽음을 사랑하는가, 죽음을 사랑하는 경향을 어느 정도로 의식하고 또 합리화하는가 하는 것도 사람마다 상당한 차이를 보인다.

그러나 죽음을 사랑하는 유형에 대한 개념은 여러 가지 이질적인 행동 경향을 추상화하거나 요약한 것은 결코 아니다.

죽음에 대한 사랑은 근본적인 정위이다. 다시 말해 삶에 완전히 반대하는 생활에 대한 대답 가운데 하나이며, 사람들이 가질 수 있는 삶에 대한 정위 가운데 가장 병적이고도 위험한 것이다. 그것은 진정 도착증倒錯症이라 말할 수 있다. 곧 살아 있으면서도 삶이 아닌 죽음을 사랑하고, 성장이 아닌 파괴를 사랑하는 것이다. 죽음을 사랑하는 사람은 자신이 느끼는 것을 분명히 의식할 수 있는 용기가 있다면 '죽음이여, 만세!' 라고 말할 때 자기 인생의 모토를 외치는 것이 된다.

죽음을 사랑하는 정위와 반대되는 것이 **삶을 사랑하는** 정위이다. 그 본질은 죽음을 사랑하는 것과는 대조적으로 삶을 사랑하는 것이다. 죽음에 대한 사랑과 마찬가지로 삶에 대한 사랑도 단일한 특징으로 구성되어 있는 것이 아니라 전체적인 정위, 곧 존재 방식 전체를 나타낸다. 그것은 한 인간의 육체가 겪는 과정, 감정, 사상, 몸짓에서 드러난다. 삶을 사랑하는 정위는 전체적 인간에게 나타나는데 이 정위의 가장 기본적인 형태는 모든 유기체의 살려고 하는 경향에서 잘 드러난다.

나는 프로이트의 '죽음의 본능'에 대한 가정에 반대한다. 대신 수많은 생물학자들과 철학자들이 "살려고 하고 그 존재를 유지하려 하는 것은 모든 생명체의 고유한 성질"이라고 가정했던 것에 동의한다. 스피노자는 이 점에 대해 다음과 같이 표현했다.

"모든 것은 자신의 힘이 미치는 한 자기 존재를 고집하려 한다."[4]

그는 이러한 노력을 모든 생물의 본질이라 불렀다.[5] 주변에 있는 모든 생명체들에게서 우리는 이처럼 살려는 경향을 볼 수 있다. 빛을 받아 살기 위해 단단한 돌멩이 틈을 뚫고 나오는 작은 풀에게서, 죽음을 피하기 위해서는 끝까지 맹렬하게 싸우는 들짐승에게서, 생명을 유지하기 위해서라면 아무것도 못할 일이 없는 사람에게서…….

생명을 유지하고 죽음과 맞서 싸우려는 경향은 삶을 사랑하는 정위의 가장 기본적인 형태이며 모든 생명체들에게 공통되는 것이다. 이는 생명을 **유지**하고 숙음과 **투쟁**하려는 경향이므로 삶에 대한 충동 가운데 단 하나의 측면을 보여줄 뿐이다. 또다른 측면은 더욱 적극적인 것이다. 다시 말해 생명체는 통합하고 합일하려는 경향을 가지고 있으며, 이질적이고 반대되는 존재와 융합하고 구조적인 방식으로 성장하려는 경향을 보인다. 합일과 통합된 성장이란 모든 생명 과정의 특징이며, 세포뿐만 아니라 감정과 사고에 대해서도 마찬가지이다.

이런 경향을 가장 기본적으로 표현하고 있는 것은 무성無性

4〉『Ethic』 III, 명제 6.
5〉『Ethic』 III, 명제 7.

세포의 결합을 비롯해 짐승이나 사람의 성적 결합에 이르기까
지 세포와 유기체의 결합이다. 후자의 경우 성적 결합은 암수
양극 사이의 인력에 바탕을 두고 있다. 남녀의 양극은 인류의
생활이 의존하고 있는 결합에 대한 욕구의 핵심을 이룬다. 바
로 이러한 이유 때문에 자연은 사람들로 하여금 두 극이 결합
될 때 가장 큰 즐거움을 느끼도록 만든 것 같다. 생물학적으로
보면 이러한 결합의 결과는 정상적으로는 새로운 존재를 창조
하는 것이다. 이처럼 삶의 주기는 죽음의 주기가 성장 중단과
분산, 쇠퇴의 주기인 것과 마찬가지로 합일과 탄생, 성장의 주
기이다.

그런데 성적 본능은 **생물학적으로는** 삶에 이바지하는 것이
지만 **심리학적으로는** 반드시 삶에 대한 사랑을 나타내는 것은
아니다. 성적 본능에 이끌리지 않거나 뒤섞이지 않을 수 있는
강렬한 감정은 거의 없는 듯하다. 허영심, 재산이나 모험에 대
한 욕망, 심지어 죽음에 대한 집착에도 성적 본능이 작용하게
할 수 있다. 왜 이렇게 되어야 했는가 하는 것은 잠시 생각해
볼 문제다.

성적 본능을 어떠한 강렬한 욕망이라도, 심지어 삶과 모순
되는 욕망조차 동원할 수 있을 만큼 유연하게 만든 것은 자연
의 간계[5]라고 생각하고 싶은 사람도 있을 것이다. 그러나 이
유는 어떻든지 간에 성적 욕망과 파괴성이 섞여 있다는 사실에

는 거의 의심의 여지가 없다(프로이트도 이러한 혼합에 대해 언급했으며, 특히 가학증과 피학증에서 볼 수 있는 죽음의 본능과 삶의 본능의 혼합을 검토하면서 이에 대해 지적함). 가학증, 피학증, 시식증necrophagia, 분식증coprophagia을 도착증으로 보는 것은 이러한 것들이 성적 행위의 통상 기준에서 벗어나 있기 때문이 아니라 이들이 근본적인 하나의 도착증, 즉 삶과 죽음의 혼합[6]을 뜻하기 때문이다.

삶에 대한 사랑이 충분히 전개되는 모습은 생산적인 정위[7]에서 찾아볼 수 있다. 삶을 충분히 사랑하는 사람은 언제 어디서나 삶과 성장의 과정에 매혹된다. 그는 현상을 유지하기보다는 오히려 건설하려고 한다. 그는 경탄할 줄 알기에 낡은 것에서 안전하게 확증을 찾아내려 하지 않고 새로운 것을 보고자 한다. 그는 확실성보다는 삶의 모험을 사랑한다. 그가 삶에 접근하는 방법은 기계적이지 않고 기능적이다. 그는 부분만을 보지 않고 전체를 보며, 요약된 것보다는 구조적인 것을 본

---

5) 헤겔은 역사는 필연적인 과정을 밟아나가지만 사람들은 마치 스스로 역사를 창조해가는 것처럼 착각하고 있는데 이는 절대정신이 이렇게 착각하도록 만들었기 때문이라고 했다. 이를 '역사의 간계'라 했는데, 프롬은 이를 모방해 '자연의 간계'라고 말하고 있다.
6) 깨끗한 것(삶)을 깨끗하지 못한 것(죽음)으로부터 분리하려고 하는 많은 의식에서는 이러한 도착증을 피하는 것이 중요하다고 강조한다.
7) E. Fromm, 『Man for Himself』의 생산적 정위에 대한 이론 참조.

다. 그는 사랑으로 이성을 형성하고 이성에 영향을 주려 하며, 힘에 의해서 혹은 사물을 조각내거나 사람을 마치 사물처럼 지배하는 관료적 방식에 의해서가 아니라 자신의 본보기를 본받아 그렇게 하려고 한다. 그는 단순한 흥분보다는 삶과 삶에 등장하는 모든 것을 즐긴다.

삶을 사랑하는 윤리는 스스로 선과 악의 원리를 갖고 있다. 선은 삶에 이바지하는 모든 것이고 악은 죽음에 이바지하는 모든 것이다. 선은 삶을 존중하는 것,[8] 삶과 성장과 전개를 드높이는 모든 것이다. 악은 삶을 질식시키고 삶을 옹색하게 만들고 삶을 조각나게 하는 모든 것이다. 기쁨은 덕이고 슬픔은 죄다. 따라서 성서에서 히브리 사람들의 주된 죄를 "네가 모든 것이 풍족하여도 기쁨과 즐거운 마음으로 네 하나님 여호와를 섬기지 아니함으로 인하여"(「신명기」 28장 47절)라고 한 것도 삶을 사랑하는 윤리의 기준에서 한 말이다.

삶을 사랑하는 사람의 양심은 악을 삼가고 선을 행하라고 강요하지 않는다. 그것은 프로이트가 말하는 초자아superego, 즉 덕을 위해 자신에게 가학증을 발휘하는 임격한 공사 감독 같은 초자아는 아니다. 삶을 사랑하는 양심의 동기는 삶과 기

---

8) 이는 저술이나 생활에서 삶을 사랑하는 위대한 대표자 가운데 한 사람이었던 알베르트 슈바이처에게 주된 주제였다.

뻠에 매혹되는 데 있으며, 그 도덕적 노력은 자신의 삶을 사랑하는 면을 강화하려는 것이다. 그러므로 삶을 사랑하는 사람들은 결국엔 자기 혐오와 슬픔의 일면에 지나지 않을 뉘우침이나 자책감 속에서 살지 않는다. 그는 재빨리 삶으로 돌아와 선을 행하려고 노력한다.

스피노자의 『에티카』는 삶을 사랑하는 도덕을 보여주는 놀라운 본보기이다. 그는 말한다.

"쾌락 자체는 악하지 않고 선하다. 반대로 고통 자체는 악이다."[9]

그리고 그 연장선에서 다음과 같이 말하기도 했다.

"자유로운 사람은 무엇보다도 죽음을 가장 최후에 생각하며 그의 지혜는 죽음이 아니라 삶을 명상하는 것이다."[10]

삶에 대한 사랑은 여러 휴머니즘적 철학의 기초가 된다. 이러한 철학들은 그 개념적 형태는 다양할지라도 스피노자의 철학과 같은 혈맥에 속해 있다. 이러한 철학에는 건전한 사람은 삶을 사랑하고, 슬픔은 죄고 기쁨은 덕이며, 인간 생애의 목표는 살아 있는 모든 것에 이끌리는 것이며 모든 죽어 있고 기계적인 것을 멀리하는 것이라는 원리가 나타나 있다.

---

9) 『Ethic』 IV, 명제 61.
10) 『Ethic』 IV, 명제 67.

나는 죽음을 사랑하는 정위와 삶을 사랑하는 정위의 순수
한 형태를 서술하고자 했다. 말할 것도 없이 이와 같이 순수한
형태들은 매우 드물다. 순수하게 죽음을 사랑하는 사람은 미친
사람이고 순수하게 삶을 사랑하는 사람은 성인이다. 대부분의
사람들에게 죽음을 사랑하는 정위와 삶을 사랑하는 정위는 독
특한 방식으로 섞여 있으며 중요한 것은 두 경향 가운데 어떤
면이 지배적인가 하는 것이다.

죽음을 사랑하는 정위가 지배적인 사람들은 천천히 자신들
에게서 삶을 사랑하는 일면을 말살시킬 것이다. 일반적으로
그들은 자신의 죽음을 사랑하는 정위를 알지 못한다. 따라서
마음을 무자비하게 만들어 죽음에 대한 사랑이 자신의 경험에
대한 논리적이고 합리적인 반응처럼 보이도록 행동할 것이다.
한편 여전히 삶에 대한 사랑이 지배적인 사람들은 자신들이
'죽음의 그림자가 비치는 골짜기'[6]에 얼마나 가까이 와 있는
지 알면 심한 충격을 받을 것이다. 또 이러한 충격이 그들로 하
여금 삶을 지향하도록 각성시켜줄 수도 있을 것이다.

그러므로 어떤 사람에게 죽음을 사랑하는 경향이 얼마나
강한가 하는 것뿐만 아니라 그가 얼마나 그것을 의식하고 있
는가를 이해하는 것은 매우 중요하다. 그가 실제로는 죽음의

---

6) 「시편」 23장 참조.

땅에 살고 있으면서도 삶의 땅에 살고 있다고 믿는다면 그는 삶으로 되돌아갈 기회를 영영 갖지 못하게 되어 결국에는 삶을 잃어버리고 만다.

죽음을 사랑하는 정위와 삶을 사랑하는 정위를 설명하려 할 때 이러한 개념들이 프로이트가 말하는 '삶의 본능Eros' 및 '죽음의 본능'과 어떤 관계를 가지는가 하는 문제가 제기된다. 그 유사점은 쉽게 알 수 있다. 프로이트가 잠정적으로 인간 마음속에는 이러한 두 가지 충동이 이원적으로 존재하고 있다고 했을 때, 그는 특히 제1차 세계대전의 영향으로 드러난 파괴적 충동의 힘에 깊은 인상을 받고 있었다. 그는 삶을 위한 노력과 죽음을 위한 노력은 모두 삶의 실체 안에 고유한 것이라는 가설을 위해 성적 본능은 자아 본능(둘 다 생존에 이바지하고 따라서 삶의 목적에 이바지함)과 대립하는 것이라는 종전의 이론을 수정했다.

『쾌락 원리를 넘어서서』(1920)에서 프로이트는 자신이 '반복 강박repetition compulsion'이라 이름 붙인 계통발생론상의 오래된 원칙이 있다는 견해를 말했다. 반복 강박은 이전 상태를 회복하고 궁극적으로는 유기적 생명을 무기적 생명이라는 본래 상태로 되돌려놓으려는 작용을 하는 것이다.

"만일 생각도 못할 까마득한 옛날에 상상도 못할 방법으로 생명이 생명 없는 물질로부터 생겼다는 것이 사실이라 하자.

우리들 가설에 따르면 그때 다시 한 번 삶을 폐기하고 사물의 무기적 상태를 확립하는 것을 목적으로 하는 본능이 생겨났을 것이다. 만일 우리가 이러한 본능에서 우리의 가설이 말하는 자기 파괴의 충동을 인정한다면 우리는 이 충동을 생명의 이떤 과정에도 빠지지 않는 **죽음**의 본능이 나타난 것이라고 볼 수 있다." [11]

죽음의 본능은 실제로는 밖으로 다른 사람에게 돌려지거나 안으로 자기 자신에게 돌려지거나, 때로는 가학적 혹은 피학적 도착증에서 볼 수 있는 것처럼 성적 본능과 섞여 있음을 알 수 있다.

이 죽음의 본능과 반대되는 것이 삶의 본능이다. 죽음의 본능(프로이트 자신이 그렇게 부르지는 않았지만 정신분석학 문헌에서는 때때로 '타나토스Thanatos'라고 함)은 분리시키고 분산시키는 기능을 하지만 에로스는 유기체나 유기체 안의 세포를 서로 결합시키고 통합시키고 합일시키는 기능을 한다. 따라서 각 개인의 삶은 이 두 가지 근본 본능, 곧 '유기체를 좀 더 큰 단위로 결합시키려는 에로스의 노력'과 '에로스가 성취하려 하는 일을 취소시키려는 죽음의 본능'이 열심히 노력하며 싸우는 전쟁터이다.

---

11) S. Freud, 『New Introductory Lectures on Psycho-Analysis』 참조.

프로이트 자신은 약간 망설이면서 잠정적으로 새로운 이론을 제시했다. 이는 놀랄 만한 일이 아니다. 이 이론은 기껏해야 입증되지 않은 추측이라는 한계에서 벗어날 수 없는 반복 강박 가설에 바탕을 둔 것이었기 때문이다. 사실상 그의 이원론을 지지하는 이론 가운데서 수많은 자료를 바탕으로 이의 모순을 지적하는 반론에 반박할 수 있는 것은 하나도 없는 듯하다. 대부분의 생물은 삶을 위해 끈기 있게 싸우고 오직 예외적인 것들만이 자기 자신을 파괴하려 한다. 게다가 개개인에 따라 파괴성은 엄청나게 다른데, 그것은 죽음의 본능이 밖을 향해 나타났는가 안을 향해 나타났는가에 따라 발생한 차이는 결코 아니다.

남들을 파멸시키겠다는 강렬한 격정이 특징인 사람들도 있지만 대부분의 사람들에게서는 이 정도로 난폭한 파괴성은 찾아볼 수 없다. 그러나 타인을 향한 파괴성의 강도가 낮은 대신 반드시 자기 파괴, 피학증, 병 등의 강도가 높은 것도 아니다.[12] 프로이트의 이론에 대한 모든 반대 의견을 고려해볼 때, O. 페니켈같이 그 밖의 점에서는 정통적인 많은 분석가들이 죽음의 본능에 대한 그의 이론을 받아들이기를 거부하거나 또는 상당히 제한된 것만 조건부로 받아들인다 해도 놀랄 게 없다.

---

12) E. Fromm, 『The sane Society』 제1장, 자살과 살인에 대한 통계를 다룬 곳 참조.

나는 프로이트 이론을 다음과 같은 방향으로 발전시킬 것을 제안한다. 에로스와 파괴성 사이의 모순, 삶과 죽음의 선호 사이의 모순은 사실상 사람들에게 내재된 가장 근본적인 모순이다. 그러나 이러한 이원성은 생물학적으로 고유한 두 본능, 곧 죽음의 본능이 마지막 승리를 거둘 때까지 비교적 끊임없이 언제나 서로 싸우고 있는 두 본능의 이원성이 아니라 삶을 유지하려는 삶의 일차적이고 가장 근본적인 경향[13]과 사람이 이러한 목표 달성에 실패했을 때 생기는 이와 모순되는 경향이라는 이원성이다.

이러한 관점에서 보면 '죽음의 본능'은 에로스가 전개되지 않은 정도에 따라 성장하고 에로스를 대신하게 되는 **악성** 현상이다. 죽음의 본능은 **정신병리학**을 대표하며 프로이트가 생각한 것처럼 **정상적 생물학**에 포함되는 것은 아니다. 이와 같이 삶의 본능은 사람의 일차적 가능성이고, 죽음의 본능은 이차적 가능성이다.[14] 일차적 가능성은 마치 습기, 온도 등 적당한

---

13) 프로이트는 "유기체는 나름대로의 방식으로 죽기를 바란다. 여기서 생명체는 일종의 첩경에 의해 자신의 삶의 목표를 빠르게 달성하게 해줄 지름길이 될 만한 사건(사실은 위험)에 대해 가장 정력적으로 대항한다는 역설적인 상황이 생긴다"(『쾌락 원리를 넘어서서』)고 말함으로써 죽음의 본능이 아주 강하면 일반적으로는 자살을 하기 쉽다는 반론에 대처하고 있다.

14) E. Fromm, 『Man for Himself』 제5장 A절, 파괴성에 대한 분석과 일차적 가능성과 이차적 가능성의 구별 참조.

조건이 갖추어졌을 때만 씨앗이 싹을 틔우는 것처럼 삶을 위한 적절한 조건이 주어졌을 때만 발전한다. 만일 적당한 조건이 없다면 죽음을 사랑하는 경향이 나타나 그를 지배하게 될 것이다.

죽음에 대한 사랑의 원인이 될 만한 조건은 어떤 것일까? 프로이트 이론에 따르면 삶의 본능의 힘과 죽음의 본능의 힘은 각기 일정하며, 죽음의 본능에 대해서는 밖으로 향하거나 안으로 향하는 양자택일이 있을 뿐이라고 생각하지 않을 수 없을 것이다. 그러므로 환경적 요소는 죽음의 본능의 강도가 아니라 이 본능이 어떤 방향을 취하는지를 설명할 수 있을 뿐이다.

한편 이 책에서 제시하고 있는 가설에 따르면 우리는 다음과 같이 묻지 않을 수 없다. 일반적으로 죽음을 사랑하는 정위와 삶을 사랑하는 정위를 발달시키는 것은 어떤 요인일까? 그리고 더 나아가 특정한 개인 또는 집단에게 죽음을 사랑하는 정위를 다소 발달시키는 요인은 어떤 것일까?

이 중요한 물음에 대해 나는 다만 이 문제에 대해 더욱 깊이 연구해볼 필요가 있다는 것밖에는 명확한 대답을 할 수가 없다. 하지만 나는 잠정적인 대답은 할 수 있다고 생각한다. 그리고 이 대답은 정신분석 분야에서 내가 해온 임상 경험과 집단 행동의 관찰 및 분석에 바탕을 두고 있다.

어린이의 경우 삶에 대한 사랑을 발달시키는 데 가장 중요한 조건은 삶을 사랑하는 사람들과 함께 사는 것이다. 죽음에 대한 사랑과 마찬가지로 삶에 대한 사랑에는 전염성이 있다. 삶에 대한 사랑은 말이나 설명이 없어도, 반드시 삶을 사랑해야 한다는 설교가 없어도 분명히 전달된다. 삶에 대한 사랑은 사상보다는 몸짓에서, 말보다는 목소리에서 나타난다. 삶에 대한 사랑은 생활을 조직화하는 명백한 원리나 규칙보다는 오히려 개인이나 집단의 전체적인 분위기에서 쉽게 느낄 수 있다.

삶에 대한 사랑을 발달시키기 위해 필수적인 조건들 가운데 내가 반드시 말하고 싶은 것은 다음과 같다. 어린 시절에 따뜻하고 애정어린 사람들과 자주 접촉하는 것, 자유롭고 아무 위협도 없는 상태, 내면적 조화와 힘을 기르는 원리의 가르침, 설교보다는 시범으로 행하는 '살아가는 기술'에 대한 지도, 남에게 영향과 자극을 받고 이에 반응하는 것, 참으로 즐거운 생활방식 등이다.

이러한 조건들과 반대되는 것은 죽음에 대한 사랑이 발달하는 데 촉진제가 된다. 이는 죽음을 사랑하는 사람들 사이에서 자라나는 것으로 아무 자극도 없는 상태, 틀에 박힌 흥미 없는 삶으로 만들기 위한 조건인 공포, 사람들 간의 직접적이고 인간적인 관계 속에 결정되는 것이 아닌 기계적 질서 등이다.

삶에 대한 사랑을 발달시키는 **사회적** 조건을 보면, 위에 나오는 개인적 발달을 촉진시키는 조건들인 것이 분명하다.

그러나 비록 다음에 말하는 것이 이러한 고찰의 끝이 아니라 시작에 지나지 않는다 해도 여기서 한 걸음 더 나아가 사회적 조건들을 고찰해보는 것이 가능하리라 본다. 여기서 짚고 넘어가야 할 가장 분명한 요인이 경제적·심리적인 **풍요** 대 **빈곤**이라는 상황이다. 사람의 에너지 대부분이 공격으로부터 자신의 생명을 지키기 위해, 또는 굶주림을 막기 위해 쓰여지는 한 삶에 대한 사랑이 저해받지 않을 수 없고 죽음에 대한 사랑이 조장되지 않을 수 없다.

삶에 대한 사랑을 발달시키는 또 하나의 중요한 사회적 조건은 **부정**한 행위를 없애는 것이다. 그렇다고 해서 내가 여기서 말하고 있는 것이 모든 사람이 동등하게 소유하지 않으면 부정이라고 생각하는 저장적hoarding 개념은 아니다. 내가 말하고 싶은 것은 한 사회 계급이 다른 사회 계급을 착취하고 또 이 계급으로 하여금 풍요롭고 위엄 있는 생활을 하지 못하도록 막는 사회적 상황, 다시 말해 한 계급이 다른 계급으로 하여금 자신과 동일한 기본적인 생활 경험을 공유하지 못하도록 막는 사회적 상황이다. 결국 내가 말하려는 부정이라는 개념은 사람이 자기 자신의 목적이 아니라 다른 사람의 목적을 위한 수단이 되어버린 사회적 상황을 가리킨다.

삶에 대한 사랑을 발달시키기 위해 마지막으로 중요한 조건은 **자유**다. 그러나 정치적 속박 '으로부터의 자유' 는 충분한 조건은 아니다. 삶에 대한 사랑이 발전할 수 있으려면 '~하는' 자유, 곧 창조하고 건설하고 경탄하고 모험하는 자유가 있어야 한다. 이러한 자유는 노예나 기계의 정확한 톱니바퀴가 아니라 능동적이고 책임 있는 개인을 요구한다.

요약하면 위엄 있는 생활을 위해 기본적인 물질적 조건이 위협받지 않는다는 의미에서 **안전 보장**이 되고, 어느 누구도 다른 사람의 목적을 위한 수단이 될 수 없다는 의미에서 **정의**로우며, 각자가 사회의 능동적이고 책임 있는 일원이 될 가능성을 갖고 있다는 의미에서 **자유**로운 사회일 때 삶에 대한 사랑은 가장 원활하게 발달할 수 있을 것이다.

마지막 요소는 특히 중요하다. 만약 안전과 정의가 보장된 사회일지라도 개개인의 창조적이고 자주적인 활동을 장려받지 못한다면 삶에 대한 사랑에 아무 도움이 되지 않을지도 모른다. 인간은 노예가 아니라는 것만으로는 충분하지 못하다. 만일 사회적 조건이 자동 인형 같은 사람이 될 것을 부추긴다면 그 결과는 삶을 사랑하는 것이 아닌 죽음을 사랑하는 것이 될 것이다. 이 마지막 요소에 대해서는 핵시대의 죽음에 대한 사랑의 문제를 다루는 부분에서 특히 사회의 관료적 조직 문제와 관련지어 다시 이야기하고자 한다.

나는 '삶에 대한 사랑과 죽음에 대한 사랑'이라는 개념은 프로이트의 '삶의 본능과 죽음의 본능'과 관련이 있기는 하지만 이와는 명백히 다르다는 점을 밝히고자 했다. 삶에 대한 사랑과 죽음에 대한 사랑이라는 개념은 프로이트의 초기 리비도 libido 이론의 일부가 되는 또 하나의 중요한 개념, 곧 '항문적 리비도'와 '항문적 성격' 개념과도 관련이 있다. 프로이트는 1909년 「**퍼스낼리티와 항문애**」라는 논문에서 나중에 그의 가장 근본적인 발견 가운데 하나로 여겨지게 된 것을 발표했다. 그는 다음과 같이 말했다.

내가 지금 말하고자 하는 사람들에게는 다음과 같은 세 가지 특징이 일정한 비율로 결합되어 있어 특히 주목할 만하다. 그들은 유달리 **규칙적**이고, **인색**하고, **고집**이 세다. 이 말은 사실상 한 작은 집단 또는 일련의 상호 관련된 성격 특성을 지적하고 있다.

규칙적이라는 것은 사소한 의무를 수행하는 성실함과 믿음직스러움뿐만 아니라 몸이 깨끗하다는 것을 의미하기도 한다. 반대는 '단정하지 못하다'와 '태만하다'는 것이다. 인색하다는 것은 탐욕이 과장된 형태로 나타난 것이고, 고집은 격분이나 복수심과 쉽게 결합되는 반항적 태도로 발전할 수도 있다. 인색함과 고집스러움은 규칙적이라는 성격과 결합되기보다 자기네들끼리 서로 더 밀접하게 결합된다. 또한 이 둘은 이 세 가지 콤플렉스 전체에서 더욱 지속적인 요소이기도 하다. 그러나 나는 이 세 가지가 어떤 면에서는 같은 것이라는 데 이론의 여지가 없다고 생각한다.

이러한 성격 특성들, 곧 규칙적이고 인색하고 고집이 세다는 것은 흔히 이전에 항문애를 하던 사람들에게 현저하게 니타난다. 그것은 항문애의 승화로 나타난 최초의 가장 지속적인 결과라고 볼 수 있다.

프로이트와 그 후의 정신분석학자들은 인색함의 또다른 형태들은 배설물과 관련된 것이 아니라 돈이나 오물, 재산, 그리고 무용지물인 것들을 소유하려는 경향과 관련된다는 사실을 보여주었다. 또한 항문적 성격은 흔히 가학증과 파괴성의 특성을 보인다는 사실도 지적했다.

정신분석 연구는 많은 임상 증거를 통해 프로이트의 발견이 타당하다는 것을 입증해왔다. 그러나 '항문적 성격' 또는 내가 '저장적 성격'[15]이라는 용어로 표현했던 현상을 이론적으로 설명하는 데는 의견 차가 있다. 프로이트는 자신의 리비도 이론에 따라 항문적 리비도와 그 승화에 작용하는 에너지는 성감대(여기서는 항문)와 관련되며, 대소변을 가누는 훈련 과정에서 얻은 개인적 경험과 함께 체질적 요인 때문에(항문적

15〉 E. Fromm, 『Man for Himself』 참조.

성격을 가진 사람의 경우) 보통 사람보다 항문적 리비도가 더 강하게 남는다고 가정했다.

나는 프로이트와는 의견을 달리한다. 성적 리비도의 부분적 충동 가운데 하나인 항문적 리비도를 항문적 성격 발달의 역동적 기초라고 가정할 만한 충분한 증거를 찾지 못했기 때문이다.

항문적 성격에 대한 연구를 하면서 나는 나 자신의 경험을 통해, 지금 논의의 대상이 되고 있는 사람은 살아 있지 않은 모든 것을 선호하는 취향 때문에 배설물에 깊은 관심을 갖고 또한 배설물을 좋아하는 사람이라고 믿게 되었다. 배설물은 더 이상 쓸모가 없기 때문에 마침내 신체가 제거하는 것이다.

항문적 성격을 가진 사람은 배설물에 이끌리는데, 이런 사람은 배설물에 애착을 가질 뿐 아니라 오물이나 쓸데없는 물건이나 재산처럼 생산과 소비의 수단이 되지 않고 단기간 소유하는 데 그치고 마는, 삶에 아무 소용도 되지 않는 모든 것에 집착하는 것이다. 왜 살아 있지 않은 것에 대해 이처럼 강한 집착을 보이는가 하는 데 대해서는 아직도 많은 연구가 필요하다.

우리는 체질적 요인 외에도 어버이의 성격, 특히 어머니의 성격이 중요한 요인이라고 생각할 만한 이유를 알고 있다. 엄격한 대소변 훈련을 고집하고 어린애의 배설 과정 등에 필요

이상의 관심을 보이는 어머니는 강한 항문적 성격을 가진 아내, 다시 말하면 살아 있지 않은 것, 죽은 것에 강한 흥미를 느끼는 아내이며 이러한 어머니는 어린애에게도 같은 방향으로 영향을 줄 것이다.

동시에 이러한 어머니는 삶의 기쁨을 모를 것이고 자극에 민감하지 못하고 둔할 것이다. 때로 어머니의 불안감은 어린애로 하여금 삶을 두려워하고 살아 있지 않은 것에 집착하게 만들 것이다. 다시 말해 항문적 성격을 형성하게 하는 것은 항문적 리비도에 영향을 주는 대소변 훈련이 아니라 스스로 삶을 두려워하거나 미워하기 때문에 배설 과정으로 관심을 돌리게 하고, 그 밖의 많은 방법으로 어린애의 에너지를 소유와 저장의 격정을 갖는 방향으로 형성시키는 어머니의 성격인 것이다.

지금까지의 설명을 통해 프로이트가 말하는 항문적 성격과 앞서 설명한 죽음을 사랑하는 성격은 매우 비슷하다는 점을 쉽게 알 수 있다. 사실상 항문적 성격과 죽음을 사랑하는 성격은 살아 있지 않은 것, 죽은 것에 관심을 갖고 또 좋아한다는 점에서 성격상으로는 같은 것이다. 다만 좋아하는 상도가 다를 뿐이다. 나는 **죽음을 사랑하는 성격은 프로이트가 말하는 '항문적 성격'의 성격 구조에 있어서 악성 형태고 프로이트가 말하는 항문적 성격은 양성 형태**라고 생각한다. 여기에는 항문적 성격과 죽음을 사랑하는 성격을 분명하게 구별하는 경계선은 없다는 뜻이 들어 있으며 어느 것을 다루고 있는지 결정하기 어려운 경우가 많을 것이다.

죽음을 사랑하는 성격은 리비도 이론 및 순수한 생물학적 고찰(여기서 죽음의 본능이라는 개념이 생김)에 바탕을 둔 프로이트의 항문적 성격과 관련되어 있다. 프로이트가 말하는 '성기적genital 성격'이라는 개념과 삶의 본능이라는 개념 사이에도 동일한 연관성이 있고, 또한 이러한 프로이트의 개념과 삶을 사랑하는 성격 사이에도 동일한 연관성이 있다. 이것은 프로이트의 초기 이론과 후기 이론을 연결하는 첫걸음이며 더 많은 연구에 의해 이러한 연결이 더욱 확대되기를 바란다.

그런데 죽음에 대한 사랑의 **사회적** 조건으로 화제를 돌리면 다음과 같은 문제가 제기된다. 곧 죽음에 대한 사랑과 현대 산업사회의 정신 사이에는 어떤 관계가 있는가? 더 나아가 핵전쟁의 동인과 관련하여 죽음에 대한 사랑과 삶에 대한 무관심은 어떤 의미를 갖는가?

나는 여기서 현대 전쟁의 동인이 되는 **모든** 면을 다루지는 않겠다. 이러한 면은 핵전쟁뿐만 아니라 과거의 전쟁에도 있었으므로 여기서는 핵전쟁과 관련되는 오직 **하나의** 매우 결정적인 심리적 문제만을 다루려고 한다. 과거 전쟁의 근본적 이유가 무엇이든, 공격에 대한 방어든, 경제적 이익, 자유, 영광, 생활방식의 확보이든 간에 이러한 이유는 핵전쟁에는 타당하지 않다.

아주 **다행스런** 경우라 하더라도 한 나라 인구 반이 몇 시간 안에 불에 타 재가 되고, 문화의 중심은 남김없이 파괴되고, 오직 야만적이고 동물적인 생활만이 남아서 살아남은 자가 죽은 자를 부러워하게 될 때에 방위나 이익이나 자유나 영광 따위가 있을 것인가.[16]

그런데도 왜 이를 항의하는 움직임이 더 이상 확대되지 않은 채 핵전쟁 준비가 계속되고 있을까? 자식과 손자를 거느린 사람들이 분연히 일어나 항의하지 않는 까닭을 우리는 어떻게 이해해야 할까? 삶의 목표가 많거나 많아 보이는 사람들이 냉정하게 모든 것의 파괴를 고려하고 있는 까닭은 과연 무엇일까?

이에 대한 많은 대답이 있다.[17] 그러나 어떠한 대답이든 **사람들이 삶을 사랑하지 않기** 때문에, 또는 **그들이 삶에 무관심**

---

16) (a) 6천만 명의 미국인이 갑자기 멸망한다 해도 미국 문화를 황폐화시킬 심각한 영향을 주지 않을 것이며, (b) 핵전쟁이 시작된 다음이라도 적들에게 전면적 파괴를 방지하는 일련의 규칙에 따라 전쟁을 수행할 만한 합리성이 남아 있을 거라고 우리를 설득하려는 이론들을 나는 받아들일 수 없다.

17) 중요한 대답 가운데 하나는 대부분의 사람들이 그들의 개인적 생활을 깊이 (대체로 무의식적이기는 하지만) 걱정하고 있다는 사실에 있는 것 같다. 입신출세하려는 끊임없는 투쟁과 실패하지나 않을까 하는 끊임없는 공포는 지속적 불안과 스트레스 상태를 만들어내고, 이러한 상태는 평범한 사람들로 하여금 자기 자신과 세상의 존재에 대한 위협을 잊게 한다.

하기 때문에, 또는 심지어 **많은 사람들이 죽음에 집착하기** 때문에 **전면적 전쟁을 두려워하지 않는다**는 점이 포함되지 않는 한 만족스런 설명이 될 수는 없다.

이러한 가설은 사람들은 삶을 사랑하고 죽음을 두려워하며, 게다가 현대 문화는 이전의 어떤 문화보다도 많은 자극과 재미를 주고 있다고 우리들이 가정했던 것과는 정면으로 부딪혀 모순을 일으키는 듯하다. 그렇다면 우리가 추구해온 모든 자극과 재미는 삶에 대한 기쁨 및 사랑과는 전혀 관계가 없는 것이 아닐까 하는 질문을 던지지 않을 수 없다.

이러한 물음에 답하기 위해서는 삶을 사랑하는 정위와 죽음을 사랑하는 정위에 대한 지금까지의 분석을 돌이켜볼 필요가 있다. 삶은 구조적인 성장이고 그 본성으로 볼 때 엄격한 통제나 예측이 불가능한 것이다. 삶의 영역에서는 다른 사람들은 오직 사랑, 자극, 본보기 등 삶의 힘에 의해서만 영향을 받을 수 있다. 삶은 그 개별적인 나타남에서만, 다시 말해 새 한 마리나 꽃 한 송이와 마찬가지로 개별적인 사람에게서만 경험될 수 있다. '집단'의 생활에는 생명이 없으며 추상抽象에는 생명이 없다.

오늘날 우리가 삶에 접근하는 방법은 점점 더 기계적인 것이 되어가고 있다. 우리의 주요 목표는 사물을 생산하는 것이고, 이처럼 사물을 우상시하는 과정에서 우리는 우리 자신을 상품으로 바꿔놓고 있다. 사람들은 단순한 숫자로 취급된다. 여기서 문제가 되는 것은 사람들이 제대로 대접받고 잘 먹고 잘사는 것이 아니라(사물도 제대로 대접받을 수 있다), 사람들이 사물인가 생물인가 하는 것이다. 사람들은 생물보다는 기계 장치를 더 사랑한다. 사람들에 대한 접근법은 지적이고 추상적이다. 여기서는 대상으로서의 사람들, 그들의 공동 재산, 대중 행동의 통계적 규칙에만 관심을 가질 뿐 살아 있는 개인에게는 관심을 갖지 않는다.

이러한 모든 일이 관료적 방법을 널리 퍼뜨린다. 거대한 생산 중심지, 거대한 도시, 거대한 나라에서 사람들은 마치 사물처럼 통치를 받는다. 사람들과 그들을 통치하는 자들은 사물로 변하고 사물의 법칙에 순종한다. 그러나 사람은 결코 사물이 아니다. 만일 사물이 되면 사람은 파멸하고 만다. 그리고 그렇게 되기 전에 사람은 절망해서 모든 생명을 말살하려 한다.

관료적으로 조직되고 중앙집권화한 산업주의에서는 사람들로 하여금 최대한으로, 그것도 예측할 수 있고 이익이 될 수 있는 방향으로 소비하도록 하기 위해 취미가 조작된다. 독창적이고 모험적인 것보다는 평범하고 무난한 것을 선택하게 하는 기준이 점점 더 큰 역할을 함에 따라 그들의 지성과 성격은 점차 표준화되어간다.

사실상 유럽과 북미에서 승리하고 있는 관료적이고 산업적인 문화는 새로운 유형의 사람을 탄생시켰다. 이러한 인간을 **조직적 인간, 자동 인형적 인간, 소비적 인간**이라 설명할 수 있다. 게다가 그는 기계적 인간이다. 이 말로 나는 기계적인 모든 것에 깊이 집착하고 살아 있는 것에 반감을 느끼는 기계 부속품 같은 인간을 표현하고 싶다.

인간의 생물학적이고 생리적인 구조는 사람에게 강한 성적 충동을 마련해주었기 때문에 **기계적 인간**조차 여전히 성적 욕망을 느끼고 여자를 원한다는 것이 사실이다. 그러나 기계 부속품 같은 사람의 여자에 대한 관심이 점점 줄어들고 있다는 데는 의심의 여지가 없다.

뉴욕의 어느 잡지에 나온 만화는 이 점을 아주 재미있게 표현하고 있다. 젊은 여자 손님에게 향수를 팔려고 하는 여점원은 "여기선 새로 나온 스포츠카 같은 냄새가 난답니다"라고 말하며 특정 브랜드의 향수를 권한다. 사실상 오늘날 남성의 행동을 관찰해본 사람이라면 누구든 이 만화가 단순히 재치 있는 농담 이상의 것을 표현하고 있음을 알아차릴 것이다.

많은 사람들이 여자나 사랑이나 자연이나 음식물보다는 스포츠카나 텔레비전 수상기나 라디오나 우주 여행이나 여러 기계 부속품에 더 관심을 가지며, 생명에 의한 자극보다는 무기적이고 기계적인 사물에 의한 자극을 더 좋아하고 있음이 분명하다. **기계적 인간**은 수분 내로 수천 마일 떨어져 있는 곳에서 수백만 명을 죽일 수 있는 가능성을 두려워하고 슬퍼하기보다는, 오히려 이렇게 대량 파괴를 할 수 있는 장치를 자랑스럽게 생각하고 매혹을 느끼고 있다고 해도 지나친 말이 아니다.

기계적 인간은 여전히 성과 술을 즐긴다. 그러나 이러한 온갖 즐거움을 기계적이며 살아 있지 않다는 것을 기준으로 삼아 그 테두리 안에서 구하고 있다. 그는 분명 누르기만 하면 행복과 사랑과 즐거움이 쏟아져나오는 단추가 있을 것이라 기대한다(그중 많은 사람들이 그 단추가 어디 있는지 가르쳐줄 수 있을 것이라는 환상을 품고 정신분석가를 찾아간다).

그는 자동차를 바라보듯 여자를 바라본다. 다시 말해 그는 어떤 단추를 눌러야 할지 알고 있으며, 여자가 '경주'를 시작하게 하는 자신의 힘을 즐기면서 자신은 냉담한 방관자로 남아 있다. 기계적 인간은 삶에 참여하고 삶에 반응하기보다는 점점 더 기계 조작에 흥미를 가진다. 이렇게 해서 그는 삶에 무관심하게 되고 기계적인 것에 매혹되며 마침내 죽음과 전면적 파괴에 집착하게 된다.

죽이는 것이 우리들의 오락에서 맡고 있는 역할을 생각해보자. 영화, 만화 시리즈, 신문 등은 파괴, 가학증, 잔인성으로 가득 차 있어서 온통 흥분되게 하는 것뿐이다. 수백만 사람들이 평범하면서도 즐거운 생활을 하고 있다. 따라서 그것이 살인이든 자동차 경기에서의 치명적인 사고이든 간에 죽이는 것을 보거나 읽는 것보다 더 자극적인 것은 없다.

이는 이미 죽음에 대한 매혹이 얼마나 깊어졌는지 보여주고 있지 않은가? 또는 '흥분해서 죽을 것 같다' 라든가, 이런 일 또는 저런 일을 하고 싶어 '죽을 지경이다' 라든가, '죽여주는군' 이라는 표현을 생각해보자. 교통사고율이 보여주는 삶에 대한 무관심을 생각해보자.

단적으로 말해 지성화知性化, 양화量化, 추상화, 관료화, 대상화 같은 현대 산업사회의 특징들이 사물이 아닌 사람들에게 적용될 때는 삶의 원리가 아니라 기계학의 원리가 된다. 이러한 체제 속에 사는 사람들은 삶에 무관심하게 되고 심지어 죽음에 집착하게 된다. 그들은 이 사실을 알지 못한다. 그들은 삶의 기쁨을 위해 흥분되는 순간의 전율을 취하며, 소유하고 사용할 수 있는 것이 많아질수록 더욱 활기 있어질 것이라는 환상 속에서 산다.

핵전쟁에 대한 항의 움직임이 없다는 사실, 전면적 파괴 또는 반 정도 파괴의 대차대조표에 대한 '원자과학자들' 의 토론은 우리가 이미 얼마나 '죽음의 그림자가 비치는 골짜기' 로 깊숙이 들어와 있는지를 보여준다.

이처럼 죽음을 사랑하는 정위의 특징은 정치 구조와는 상관없이 모든 현대 산업사회에 존재한다. 소비에트 국가자본주의가 이 점에서 기업 자본주의와 공통되는 점은 두 체제의 차이점이 지닌 특징보다 더 중요하다. 두 체제 모두 관료적, 기계적 방법을 갖고 있다는 점에서 공통되며, 두 체제 모두 전면적 파괴를 준비하고 있다.

죽음에 대한 사랑에서 생기는 삶에 대한 경멸과 빠른 속도 및 기계적인 모든 것에 대한 찬양이 인척관계에 있다는 것은 지난 수십 년 동안 비로소 분명해진 사실이다. 그러나 일찍이 1909년에도 이러한 사실은 알려져 있었으며, 마리네티[7]는 그의 『미래파 선언』에서 이에 대해 간결하게 표현했다.

1) 우리는 위험을 사랑하고, 정력적이고 대담한 습관을 노래할 것이다.

2) 우리들 시의 본질적 요소는 용기와 대담성과 반항이 될 것이다.

3) 지금까지 문학은 사려깊은 정지靜止와 황홀경과 잠을 영광스러운 것으로 생각해왔다. 우리는 공격적 운동, 열에 들뜬 불면증, 이중 킥 스텝, 재주넘기, 따귀때리기, 주먹싸움을 찬양할 것이다.

---

7) 필리포 토마소 마리네티(1878~1944)는 이탈리아 시인, 평론가로 미래파 대표자다. 미래파는 기성 예술을 과거주의라 하여 부정했을 뿐 아니라 과거의 모든 전통에 반대하면서 반철학적 · 반지성적 태도를 강조했다. 또한 현대 문명을 찬미하며 새로운 형식으로 미래적인 꿈의 아름다움을 표현하려 노력한 예술 운동의 한 유파이다.

4) 우리는 세계의 웅장함은 새로운 아름다움, 곧 속도의 아름다움에 의해 풍요로워졌음을 선언한다. 폭발적인 숨을 내쉬는 뱀 같은 커다란 파이프로 장식된 경주용 자동차……. 마치 유산탄榴散彈에 의해 달리는 것처럼 성내어 소리지르는 자동차는 '사모트라키[8)의 승리' 보다 더 아름답다.

5) 우리는 핸들을 잡은 사람을 노래할 것이다. 그의 이상에서 뻗어나온 줄기는 지구 궤도를 뻗어나가 지구를 꿰뚫을 것이다.

6) 시인은 원초적 요소들이 더더욱 열광적으로 작열하게 하기 위해 열광과 광채와 낭비에 열중해야 한다.

7) 투쟁보다 더 아름다운 것은 없다. 공격성이 없는 걸작은 있을 수 없다. 시는 미지의 힘으로 하여금 인간 앞에서 고개 숙이게 하기 위한 맹공격이어야 한다.

8) 우리는 세기의 극단인 곳串에 서 있다. **불가능한 것**의 신비한 문을 부수어야 할 때 우리가 왜 뒤를 돌아봐야 하는가? 시간과 공간은 어제 죽었다. 우리는 벌써 영원하고 항상 현재적인 속도를 창조했으므로 이미 절대 속에 살고 있다.

9) 우리는 이 세상 유일한 건강의 샘인 전쟁, 군국주의, 애국심, 무정부주의자의 파괴적인 힘, 죽인다는 아름다운 이상,

---

8) 에게 해 북쪽에 있는 그리스 섬.

여자에 대한 경멸을 영광으로 생각한다.

　10) 우리는 도덕주의, 여성 숭배, 모든 낙관주의적이고 공리주의적인 야비함과 맞서 싸우기 위해 박물관과 도서관을 파괴하고자 한다.

　11) 우리는 노동과 쾌락과 반항에 흥분한 대군중을, 현대 수도에 등장한 다채롭고 소리도 다양한 혁명의 물결을, 강렬한 전깃불 밑에 드러나는 병기창과 작업장에서 울리는 밤의 진동을, 연기 내뿜는 뱀을 집어삼키는 게걸스런 기차역을, 연기를 타고 구름에 매달리는 공장을, 햇빛 찬란한 강의 악마 같은 날붙이 너머로 체조선수처럼 미끈하게 솟아오른 다리를, 수평선의 향기를 맡는 모험심 강한 정기선을, 긴 철관으로 된 말굴레를 쓴 강철로 만든 거대한 말처럼 철로 위를 달리는 떡하니 어깨가 벌어진 기관차를, 그리고 마치 깃발의 펄럭임, 열광한 군중의 박수갈채 같은 프로펠러 소리를 내는 비행기의 미끄러지는 듯한 비행을 노래할 것이다.

기술과 산업에 대해 마리네티처럼 죽음을 사랑하는 편에 선 해석과 월트 휘트먼의 시에서 볼 수 있는 것처럼 깊이 삶을 사랑하는 편에 선 해석을 비교하는 것은 흥미로운 일이다. 「브루클린 나루터를 건너면서」라는 시 끝에서 월트 휘트먼은 다음과 같이 노래한다.

번영하라, 도시여, 그대의 화물을 가져오라, 그대의 모습을 보여달라, 풍만한 강이여.

뻗어나라, 아마도 그 어느 것보다도 더 영적일 존재여.

자기 자리를 지키라, 그 무엇보다도 영속적인 대상이여.

그대는 기다려왔고 그대는 언제나 기다리고 있다. 말 못하는 아름다운 사절使節인 그대여.

우리는 마침내 그대를 자유로운 감각으로 받아들이고 지금부터는 싫증내지 않을 것이다.

그대는 이미 우리를 버릴 수도, 우리에게서 떠날 수도 없을 것이다.

우리는 그대를 이용하고 그대를 버리지 않는다. 우리는 영원히 그대를 우리들 마음속에 심어놓는다.

우리는 그대의 깊이를 재지 않는다. 우리는 그대를 사랑한다. 그대에게도 완전함은 있다.

그대들은 영원을 향해 그대들 역할을 준비한다.

그대들은 영혼을 향해 크든 작든 그대들 역할을 준비한다.

또한 「행길의 노래」 끝에서는 다음과 같이 말한다.

동지여, 나는 그대에게 손을 내민다!

나는 그대에게 돈보다 더 귀중한 나의 사랑을 준다.

나는 설교나 법에 앞서 나 자신을 그대에게 준다.

그대는 그대 자신을 나에게 주려는가? 그대는 나와 함께 여행에 나서려는가?

우리는 살아 있는 한 서로 꼭 뭉쳐 있으려는가?

휘트먼은 죽음에 대한 사랑에 반대한다는 것을 다음 시구에서보다 더 잘 표현할 수는 없었을 것이다.

앞으로 가자(오, 살아 있는, 항상 살아 있는 자여!), 시체는 뒤에 남겨놓고.

산업에 대한 마리네티의 태도와 휘트먼의 태도를 비교해보면 공업적 생산 자체가 반드시 삶의 원리와 모순되지는 않는다는 것이 분명해진다. 문제는 삶의 원리가 기계화의 원리에 종속되어 있는가 또는 지배적인가 하는 것이다. 분명 산업화한 세계는 아직까지 여기서 제시된 문제, 곧 어떻게 하면 오늘날 우리들 삶을 지배하고 있는 관료적 산업주의에 반대되는 휴머니즘적 산업주의를 창조할 수 있는가 하는 문제에 대해 명쾌한 대답을 발견하지 못하고 있다.

4

개인적 자아도취와 사회적 자아도취

　　프로이트의 발견 중에서 가장 풍요롭고 가장 광범위한 영향을 미친 것 가운데 하나는 자아도취라는 개념이다. 프로이트 자신도 이 개념을 그의 가장 중요한 발견 가운데 하나라고 생각했으며, 정신병(자아도취적 신경증), 사랑, 거세 공포, 질투, 가학증 같은 명백한 현상 그리고 예컨대 피지배 계급이 그들의 지배자들에게 충성을 바치려는 것 같은 대중 현상을 이해하는 데 이 개념을 사용했다.

　이 장에서 나는 계속해서 프로이트 사상을 따라가면서 민족주의, 민족적 증오, 파괴성과 전쟁의 심리적 동인을 이해하기 위해 자아도취의 역할을 검토해보려고 한다. 이 기회에 내가 말해두고 싶은 것은 자아도취라는 개념은 융이나 아들러[1]

---

1) 알프레드 아들러(1870~1937)는 오스트리아 정신의학자로 개인심리학을 세워 프로이트의 범성설汎性說에 반대하고 리비도 대신에 권력의지를 주장했다.

의 저술에서는 거의 주목을 받지 못했고, 호르나이[2]의 저술에서는 더더욱 주목받지 못했다는 사실이다. 정통적인 프로이트 이론과 치료법에 있어서도 자아도취라는 개념은 대체로 어린애나 정신병 환자의 자아도취에 한정되어 사용되었다. 이 개념의 풍요로움을 충분히 이해하지 못한 원인은 프로이트가 이 개념을 리비도 이론의 틀 속에 억지로 집어넣었다는 사실에 있을 것이다.

프로이트는 정신분열증을 리비도 이론의 관점에서 이해하려는 관심으로부터 출발했다. 정신분열증 환자는 사실에 있어서든 환상에 있어서든 대상과 어떠한 관계도 갖지 않는 것 같았기 때문에 프로이트는 "정신분열증에 있어서 외부적 대상으로부터 철수된 리비도는 어떻게 되는가"[1]라고 묻지 않을 수 없었다. 그의 대답은 다음과 같다.

"외부 세계로부터 철수된 리비도는 자아로 향하게 되고, 따라서 자아도취라 부를 수 있는 태도를 발생시킨다."[2]

프로이트는 리비도가 원래는 마치 '큰 저장소'에 저장되는 것처럼 자아 속에 저장되었다가 대상으로 확대되지만 쉽게 대상으로부터 철수되어 자아로 되돌아온다고 생각했다. 비록

---

2) 프로이트의 생물학주의를 비판한 신프로이트파의 저명한 현대 정신분석학자.
1〉 S. Freud, 『On Narcissism』
2〉 앞의 책.

이전 견해 전체를 모두 포기한 것은 결코 아닌 것 같지만 이러한 견해는 1922년에 변경되었다. 그때 프로이트는 "우리는 이드id가 리비도의 대저장소임을 인정해야 한다"고 말했다.[3]

그러나 리비도가 본디 자아에서 출발하는가 또는 이드에서 출발하는가 하는 이론적 문제는 이 개념 자체에 대해서는 실질적으로 중요한 것이 아니다. 프로이트는 사람의 본래 상태는 유아기 초기에 있어서는 자아도취 상태(일차적 자아도취), 다시 말해 외부 세계와 아무런 관계도 갖지 않는 상태이며, 그 다음부터 이 어린애는 정상적인 발달 과정에서 외부 세계와의 리비도적 관계의 범위와 강도를 증대시키기 시작하지만 많은 경우(그 극단적인 예는 정신이상), 대상으로부터 리비도적 애착을 철수시켜 자아로 되돌아오게 한다(이차적 자아도취)는 기본 사상을 바꾸지는 않았다.

그러나 정상적으로 발달하는 경우라 하더라도 사람은 일생을 통해 어느 정도는 자아도취 상태에 남아 있다.[4] '정상적'인 사람의 경우 자아도취의 발달은 어떤 모습을 보일까? 프로이트는 이러한 발달의 주류에 대해 개관하고 있는데, 다음에 말하는 것은 그의 발견에 대한 짧은 요약이다.

---

3) S. Freud, 『Appendix』 B. Standard Edition, Vol XIX에 나오는 이러한 발달에 대한 연구 참조.
4) S. Freud, 『Totem and Taboo』.

자궁 속 태아는 아직도 절대적인 자아도취 상태에 살고 있다. "태어남으로써 우리는 절대적으로 자기 충족적인 자아도취에서 벗어나 변화하는 외부 세계를 인식하고 대상을 발견하기 시작한다"[5]고 프로이트는 말한다. 어린애가 '자기가 아닌' 부분으로서 외부 대상 자체를 인식하기까지는 몇 달이 걸린다. 어린애의 자아도취가 여러 번 타격을 받아 외부 세계와 그 법칙, 따라서 그 '필연성'을 점점 더 직접 알게 됨으로써 사람은 본래 그의 자아도취를 '대상애對象愛'로 발달시킨다. 그러나 "사람은 그의 리비도의 외부적 대상을 발견한 다음에도 어느 정도는 자아도취 상태에 남아 있다"[6]고 프로이트는 말한다.

사실상 프로이트의 관점에 따르면 개인의 발달을 절대적 자아도취에서 벗어나 객관적 사고를 할 수 있고 대상애를 가질 수 있는 능력으로 진화하는 것이라고 정의할 수 있으나 이 능력은 일정한 한계를 넘어서지 못한다. '정상적'이고 '성숙한' 사람은 자아도취가 완전히 없어진 것이 아니라 사회적으로 용인될 수 있을 만큼 최소한으로 줄어든 사람이다.

프로이트의 관찰은 일상 경험에 의해 확인된다. 우리는 대부분의 사람들에게서 접근이 불가능할 뿐 아니라 완전히 해소

---

5) S. Freud, 『Group, Psychology』.
6) S. Freud, 『Totem and Taboo』.

시키려는 어떠한 시도에도 거세게 저항하는 자아도취의 핵심을 발견할 수 있는 것 같다.

프로이트의 전문 용어에 충분히 익숙지 못한 사람들은 더 구체적으로 이 현상에 대한 설명을 듣지 못하면 아마도 자아도취라는 사실과 그 힘에 대해 분명한 관념을 얻기가 어려울 것이다. 나는 다음번에 그러한 설명을 하려고 한다. 그러나 그전에 나는 용어에 대해 몇 가지 점을 분명히 해놓으려 한다.

자아도취에 대한 프로이트의 견해는 성적 리비도라는 개념에 바탕을 두고 있다. 이미 지적한 바와 같이 이러한 기계론적인 리비도 개념은 자아도취라는 개념의 발달을 촉진하기보다는 오히려 봉쇄한다는 것이 증명되었다. 나는 만일 **성적** 충동의 에너지와는 같지 않은 정신적 에너지라는 개념을 사용한다면 자아도취라는 개념을 충분히 열매 맺게 할 가능성이 훨씬 커질 것이라고 믿는다.

융이 이러한 시도를 했다. 그는 프로이트의 사상에서도 처음에는 비성화非性化된 리비도가 있었다는 것을 인정하려 했다. 그러나 비성적非性的인 정신적 에너지는 프로이트의 리비도와 다르기는 해도 리비도와 마찬가지로 **에너지** 개념이다. 이 개념은 그 나타남에 있어서만 가시적인 것이 되며 일정한 강도와 일정한 방향을 가진 정신적 힘을 가리키고 있다. 이러한 에너지는 개인을 외부 세계와의 관계에 있어서만이 아니라 자기 자신의 내부에 있어서도 결합하고 통일하고 통합한다.

생존의 충동은 제쳐놓고 성적 본능(리비도)의 에너지를 인간 행위의 단 하나의 중요한 원동력으로 보는 프로이트의 초기 견해에 동의하지 않는 사람이라 할지라도, 또한 그 대신에 정신적 에너지라는 일반적 개념을 쓰는 사람이라 할지라도, 그 차이는 독단적인 관점에서 생각하는 많은 사람들이 믿고 있는 것처럼 크지는 않다.

정신분석이라 부를 수 있는 어떠한 이론이나 치료법이 의거하고 있는 본질적인 점은 인간의 행동이라는 **역동적**인 개념이다. 다시 말해 고도로 충전된 힘이 행동을 일으키고 따라서 이 행동은 오직 이 힘을 이해함으로써 이해할 수 있고 예측할 수 있다는 가정이다. 인간 행동에 대한 이러한 역동적 개념이 프로이트 체계의 중심이다. 기계론적 유물론적 관점에서든, 또는 휴머니즘적 현실주의 관점에서든 이 힘을 어떻게 이론적으로 생각하는가 하는 것이 중요한 문제다. 그러나 이 문제는 인간 행동의 역동적 해석이라는 중심 문제에 대해서는 이차적인 것이다.

극단적인 두 가지 예, 곧 갓난아이의 '일차적 자아도취'와 미친 사람의 자아도취를 예로 들어 자아도취에 대한 설명을 시작하기로 하자. 갓난아이는 아직도 외부 세계와 관계를 갖지 않는다(프로이트의 용어로 말하면 아직도 외부 대상에 '집중되지cathexed' 않았다). 달리 말해 아직도 갓난아이에게 외부 세계는 존재하지 않으며, '나'와 '나 아닌 것'을 구별할 수 없을 정도로 그렇다. 우리는 갓난아이는 외부 세계에 '관심을 갖지'(interest＝inter-esse＝to be in : 안으로 들어감) 않았다고 말할 수도 있다. 갓난아이에게 존재하는 단 하나의 현실은 갓난아이 자신, 곧 갓난아이의 몸, 춥거나 따뜻하다는 육체적 감각, 목마름, 잠과 육체적 접촉에 대한 욕구 등이다.

미친 사람은 본질적으로 갓난아이의 상태와 다르지 않은 상태에 있다. 그러나 갓난아이의 경우 외부 세계는 **아직** 현실적인 것으로 **나타나지 않았지만** 미친 사람의 경우 외부 세계는 현실적인 것으로 존재하지 못하게 된 것이다. 예컨대 환각의 경우 감각은 외부 사건을 기록하는 기능을 잃게 된다. 감각은 외부 대상에 대한 감각적 반응이라는 범주 안에서 주관적 경험을 기록하는 것이다.

편집증적 망상의 경우에도 동일한 메커니즘이 작용한다. 예컨대 주관적 감정인 공포나 의심은 편집증 환자의 경우 다른 사람이 그에게 음모를 꾸미고 있다는 식으로 객관화된다. 이것이 바로 신경증 환자와의 차이점이다. 신경증 환자도 미움받고 있거나 박해받고 있다는 사실 따위를 끊임없이 두려워하지만 아직은 이것이 그가 **두려워하는 것**에 지나지 않음을 알고 있다. 하지만 편집증 환자의 경우 이러한 공포는 사실로 바뀐다.

정상적 정신과 정신이상의 경계에 놓여 있는 자아도취의 특수한 예는 무소불위의 권력을 갖게 된 사람들에게서 찾아볼 수 있다. 이집트 파라오, 로마 황제, 보르자[3] 가家 사람들, 히틀러, 스탈린, 트루일료[4]……. 이런 사람들은 모두 비슷한 특징을 보인다. 그들은 절대권력을 장악했으며, 그들의 말은 생사를 비롯해 모든 일에 대한 마지막 판결이었고, 원하는 대로 행하는 그들의 능력에는 아무런 한계도 없는 것 같았다.

그들은 오직 병과 나이와 죽음에 의해서만 제한을 받는 신들인 것이다. 그들은 인간 존재의 한계를 초월하려는 필사적인 노력에 의해 인간 존재의 문제를 해결하려고 한다. 그들은 자신들의 욕망과 권력에 한계가 없는 것처럼 보이려고 하고, 따라서 무수한 여자들과 잠자리를 하고, 무수한 사람들을 죽이고, 도처에 성을 짓고, '달을 원하고', '불가능한 것을 원한다'.[7] 비록 이것은 사람이 아닌 척하면서 존재의 문제를 풀어보려는 노력이기는 하지만 광기임을 부정할 수 없다.

이는 괴로움을 겪는 사람의 일생에 생기기 쉬운 광기다. 신이 되려고 애를 쓰면 쓸수록 그는 인류로부터 고립된다. 이러

---

3) 보르자(1476~1501)는 이탈리아의 전제군주적인 추기관, 군인, 정치가였다.
4) 도미니카 공화국 대통령으로 반대파를 탄압하고 절대독재를 한 정치가였다.
7〉 카뮈는 희곡 『칼리굴라』에서 이러한 권력의 광기에 대해 아주 정확하게 묘사했다.

한 고립은 그를 더욱 무서움에 떨게 만들고, 모든 사람이 그의 적이 되며, 그 결과 발생하는 공포를 견디기 위해 그는 끊임없이 권력과 잔인성과 자아도취를 증가시키지 않을 수 없다.

자신의 자아도취적 환상에 따라 권력을 통해 현실을 왜곡시켰다는 한 가지 요인이 없었더라면 케이사르의 광기 또한 단순한 정신이상에 지나지 않았을 것이다. 그는 모든 사람에게 그가 신이고, 사람들 가운데서 가장 강하고 가장 현명하다는 사실에 동의할 것을 강요했다. 그러므로 그의 과대망상은 합리적인 감정으로 생각된다. 한편 많은 사람들이 그를 미워할 것이고 그를 실각시키고 죽이려 할 것이다. 따라서 그의 병적인 의심도 현실적 근거를 갖게 된다. 그 결과 그는 현실로부터 유리되었다는 것을 느끼지 못한다. 그러므로 비록 위험한 상태이기는 하지만 그는 약간의 정상적 정신을 간직할 수 있다.

정신병은 절대적 자아도취 상태로, 외부 현실과 모든 관계를 끊어버리고 자기 자신을 현실로 대체시키는 상태다. 그는 완전히 자기 자신만으로 가득 차게 되고 자기 자신에 대해서는 스스로 '신과 세계'가 된다. 바로 이러한 통찰로 말미암아 프로이트는 처음으로 정신병을 역동적으로 이해하는 길을 열어 놓았던 것이다.

그러나 정신병을 잘 알지 못하는 사람들을 위해서는 신경증적인 또는 '정상적인' 사람들에게서 찾아볼 수 있는 자아도취를 설명할 필요가 있을 것이다. 자아도취의 가장 기본적인 예 가운데 하나는 보통 사람들이 자기 자신의 육체에 대해 보이는 태도에서 찾아볼 수 있다. 대부분의 사람들은 자기의 몸이나 얼굴이나 생김새를 좋아하고, 좀더 멋진 다른 사람으로 변하고 싶지 않냐고 물으면 아주 분명하게 싫다고 대답한다.

이 점을 좀더 분명하게 보여주는 것은 대부분의 사람들이 다른 사람의 배설물은 무척 싫어하면서도 자신의 배설물을 보거나 냄새 맡는 것엔 별로 개의치 않는다(사실상 어떤 사람들은 좋아하기도 한다)는 사실이다. 분명 여기에는 심미적인, 또는 그 밖의 판단은 포함되어 있지 않다. 자신의 몸과 관련됐을 때는 즐거운 일일지라도 다른 사람의 몸과 관련됐을 때는 기분이 나쁜 것이다.

이번에는 자아도취에 대한 약간 색다른 또 하나의 예를 들기로 하자. 어떤 사람이 병원에 전화를 걸어 진찰 약속을 하려고 한다. 의사는 금주에는 약속을 잡을 수 없다고 하며 그 다음 주 이떤 날을 제안한다. 환자는 더 이른 닐로 약속해달라는 요구를 고집하면서 왜 그렇게 급한가에 대한 이유는 설명하지 않고 단지 자신이 병원에서 5분밖에 안 되는 거리에 살고 있다고 말할 뿐이다.

의사는 환자가 병원으로 오는 데 그 정도 시간밖에 걸리지 않는다는 사실만으로는 자신의 시간 문제가 해결되지 않는다고 말하지만 환자는 전혀 수긍하지 않고 의사가 더 이른 날로 약속을 잡아야 할 충분한 이유를 말했다고 계속 고집한다.

만일 이 의사가 정신과 의사였다면 그는 이미 중요한 진찰을 했을 것이다. 다시 말해 그는 지금 매우 자아도취적인 사람, 곧 중환자를 상대하고 있다는 것을 알았을 것이다. 그 까닭을 이해하기는 어렵지 않다. 이 환자는 의사의 사정이 자신의 사정과는 다르다는 것을 알지 못하는 것이다. 환자가 고려하고 있는 것은 의사를 만나야겠다는 자신의 소망과 그가 병원에 가는 데 거의 시간이 걸리지 않는다는 사실뿐이다. 자기 나름대로 예정된 약속과 볼일이 있는 별개의 인간으로서의 의사는 존재하지 않는다. 환자가 생각하고 있는 논리는 자기가 병원에 가기 쉽다면 의사가 자기를 만나는 것도 어렵지 않다는 것이다.

만일 의사가 첫 번째 설명을 한 다음 환자가 "네, 선생님! 물론이죠. 잘 알겠습니다. 당치도 않은 말씀을 드려 죄송합니다"라고 대답할 수 있었다면 진찰은 약간 달라졌을 것이다. 이 경우에도 우리는 처음에는 자신의 사정과 의사의 사정을 분간하지 못하는 자아도취적인 사람을 다루고 있지만 그의 자아도취는 첫 번째 환자의 경우처럼 강렬하고 중하지는 않다. 그는 주의를 받고 나면 사정이 다르다는 것을 알게 되고 이에 합당한 반응을 보인다. 두 번째 환자는 아마도 자신의 실수를 깨닫고 나면 당황해할 것이다. 그러나 처음에 예로 든 환자는 전혀 당황하지 않을 것이다. 그는 단지 이렇게 간단한 일도 알지 못하는 어리석은 의사를 못마땅하게 생각할 뿐이다.

이와 비슷한 현상은 아무런 반응도 보이지 않는 여성을 짝사랑하는 자아도취적인 사람에게서도 쉽게 찾아볼 수 있다. 자아도취적인 사람은 여성이 자신을 사랑하지 않는다는 사실을 믿으려 하지 않을 것이다.

그는 "내가 그녀를 이토록 사랑하는데 그녀가 나를 사랑하지 않는다는 것은 있을 수 없는 일이다" 또는 "그녀가 나를 사랑하지 않는다면 나도 그녀를 이토록 사랑할 수는 없을 것이다"라고 생각할 것이다. 그리고 그는 "그녀는 나를 무의식적으로 사랑한다. 그녀는 자신의 사랑이 뜨거워지는 것을 두려워하고 있다. 그녀는 나를 시험해보려 하고 나를 괴롭히려 하는 것이다" 하는 식으로 의심함으로써 그녀가 반응이 없는 것을 합리화하려고 한다. 이 경우에 있어서도 본질적인 점은 앞의 경우와 마찬가지로 자아도취적인 사람은 다른 사람의 현실이 자신의 현실과 다르다는 것을 전혀 알지 못한다는 점에 있다.

얼핏 보기에는 아주 다른 것 같지만 실상은 모두 자아도취적인 두 가지 현상을 살펴보기로 하자. 어떤 여성은 머리와 얼굴을 가다듬기 위해 매일 거울 앞에서 많은 시간을 보낸다. 이

것은 그 여성이 허영심이 강하기 때문만은 아니다. 그녀는 자신의 몸과 아름다움에 사로잡혀 있고 그녀의 몸은 그녀가 알고 있는 단 하나의 현실이다

그녀는 어쩌면 요정 에코의 사랑을 거절해 마침내 그녀를 상심 끝에 죽게 한 나르시스에 대한 그리스 신화를 닮아가고 있는지도 모른다. 네메시스[5]는 그로 하여금 호수에 비친 자기 모습을 사랑하게 만듦으로써 그를 처벌한다. 그는 자신을 찬미하면서 호수에 빠져 죽는다. 이 그리스 신화는 이러한 종류의 '자기애'는 저주이며 그 극단적인 형태는 결국 자기 파멸이 된다는 점을 분명히 보여준다.[8]

또다른 여성은 우울증hypochondriasis으로 고통을 받는다(여러 해 후에도 같은 상태일 수 있음). 이 여성도 아름다워지고 싶어서는 아니지만 병을 무서워하면서 자신의 몸에 끊임없이 마음을 쓴다.

적극적이든 소극적이든 왜 어떤 상像을 선택하는가 하는 데는 물론 이유가 있다. 하지만 여기서 그 까닭을 일일이 다룰 필요는 없을 것이다. 중요한 것은 이러한 두 현상의 배후에는 자

---

5) 그리스 신화에 나오는 복수의 여신.

8) E. Fromm, 『Man for Himself』에 나오는 자기애에 대한 이론 참조. 나는 이 책에서 자기 자신에 대한 참된 사랑은 다른 사람들에 대한 사랑과 다르지 않으며, 이기적이고 자아도취적인 사랑이라는 의미의 '자기애'는 다른 사람도 자기 자신도 사랑할 수 없는 사람들에게서 찾아볼 수 있다는 사실을 밝히려고 했다.

기 자신에 대한 자아도취적 선입관, 외부 세계에 거의 관심을 잃게 하는 선입관이 깔려 있다는 점이다.

도덕적인 우울증도 본질적으로는 차이가 없다. 이 경우 사람들은 병들거나 죽는 것을 두려워하는 것이 아니라 죄를 짓는 것을 두려워한다. 이러한 사람은 언제나 부정을 하고 잘못을 저질렀다는 죄책감, 자기가 저지른 일에 대한 죄책감 등에 마음이 사로잡혀 있다. 외부 사람들에게는 그리고 자기 자신에게도 그는 매우 양심적이고 도덕적이며 다른 사람에게 관심이 있는 것처럼 보이겠지만 사실 이러한 사람은 오직 자기 자신에게만, 자신의 양심에 대해서만, 그리고 남들이 자기를 어떻게 생각하고 있는가 하는 데만 관심이 있다.

육체적 또는 도덕적 우울증에 잠재하는 자아도취는 허영심이 많은 사람의 자아도취와 같지만, 단지 전문적인 안목을 갖지 못한 사람에게는 분명하지 않다는 점이 다르다. 우리는 이러한 종류의 자아도취(K. 아브르함[6]은 이를 **소극적 자아도취**로 분류함)를 특히 무능력, 비현실, 자책감 등을 특징으로 하는 우울증melancholia 상태에서 찾아볼 수 있다.

덜 심한 형태로는 일상생활에서도 우리는 자아도취적 정위를 볼 수 있다. 이러한 정위를 멋지게 표현한 유명한 농담이

---

6) 프로이트의 제자로 뮌헨의 정신분석의였다.

있다. 어떤 작가가 친구를 만나 오랫동안 자기 자신에 대해 떠들다가 이렇게 말했다.

"너무 오랫동안 내 애기만 했군. 이젠 **자네** 애기 좀 하세. 자넨 최근에 나온 내 책에 대해 어떻게 생각하나?"

이 사람은 자기 자신에게만 사로잡혀 있고 다른 사람들에 대해서는 자신의 메아리가 아닐 경우 거의 주의를 기울이지 않는 수많은 사람들의 전형이다. 때때로 이런 사람들이 남을 돕거나 남에게 친절한 경우가 있더라도 자신이 이러한 역할을 하는 모습을 보기 좋아하기 때문에 그렇게 하는 것이다. 그들의 에너지는 지금 그들이 돕고 있는 사람의 처지에서 일을 실현하는 것보다는 자기 자신을 찬양하는 데 쏠리고 있다.

자아도취적인 사람을 어떻게 알아볼 수 있을까? 쉽게 알아볼 수 있는 유형이 있다. 온갖 자기 만족의 징후를 보이는 사람이 바로 이러한 유형이다. 우리는 이러한 사람은 사소한 말을 하고서도 마치 자신이 매우 중요한 말을 한 것처럼 느낀다는 것을 알 수 있다.

그는 보통은 남의 말에 귀기울이지 않고 또한 사실상 관심도 없다(그는 현명하지만 질문을 하고 이 질문을 관심의 초점으로 만들어 자신이 현명하다는 사실을 숨기려 한다). 우리는 또한 이들이 어떤 종류의 비판에도 무척 민감하다는 점에서 자아도취적인 사람을 알아볼 수 있다. 이러한 민감성은 어떠한 비판이든 그 타당성을 부정하는 것으로, 또는 분노나 의기소침한 반응을 보이는 것으로 나타날 수 있다.

많은 경우 자아도취적 정위는 수줍고 겸손한 태도의 배후에 숨겨져 있을 것이다. 사실상 어떤 사람이 자아도취적 정위로 말미암아 자신의 겸손을 스스로 예찬의 대상으로 삼는 경우는 드물지 않다. 자아도취가 어떻게 나타나든 자아도취의 모든 형태에 공통된 점은 외부 세계에 대해 순수한 관심이 없다는 것이다.[9]

때로는 자아도취적인 사람은 얼굴 표정만으로도 알아볼 수 있다. 우리는 어떤 사람에게는 점잖게 보이고, 또다른 사람들에게는 행복에 넘치고 믿음직스럽고 어린애처럼 보이는 홍조나 웃음을 띠고 있는 사람을 흔히 볼 수 있다. 때로 자아도취는 특히 그 극단적인 형태에 있어서는 독특한 눈빛으로 나타나기도 하는데, 이 눈빛을 어떤 사람은 성인에 가까운 징후로,

---

9) 때로는 허영심이 강하고 자아도취적인 사람과 자신을 과소평가하는 사람을 구별하는 것이 쉽지 않다. 흔히 후자는 칭찬하고 찬양해줄 필요가 있다. 그는 다른 사람에게 관심이 없는 것이 아니라 자기 자신을 의심하고 과소평가하고 있기 때문이다.

그 구별이 반드시 쉽지만은 않은 것이 또 하나 있다. 바로 자아도취와 이기주의의 구별이다. 강렬한 자아도취는 현실을 충분히 경험하지 못하는 것을 말한다. 강렬한 이기주의는 다른 사람에게 관심이나 사랑이나 동정이 거의 없는 것을 말하지만 반드시 자신의 주관적 감정을 과대평가하는 것을 뜻하지는 않는다. 다시 말해 극단적인 이기주의가 반드시 극단적으로 자아도취적인 것은 아니다. 또한 이기심은 반드시 객관적 현실에 대해 맹목적인 것이 아니다.

어떤 사람은 미친 사람에 가까운 징후로 보는 것이다.

매우 자아도취적인 사람들은 대체로 끊임없이 말을 한다. 흔히 식사 때 그들은 먹는 것조차 잊어버려 다른 사람들을 모두 기다리게 한다. 식탁에 앉은 사람들이나 음식은 그들의 '자아' 보다는 덜 중요한 것이다.

자아도취적인 사람이 반드시 자기 자신 전체를 자아도취의 대상으로 삼는 것은 아니다. 흔히 그는 자신의 퍼스낼리티 가운데 어떤 부분적 측면, 예컨대 명예, 지성, 육체적 용맹, 재치, 미모(때로는 머리칼이나 코 등 세부로 좁혀지는 경우도 있음) 등에 자아도취를 집중시킨다.

때로 그의 자아도취는 정상적으로는 사람들이 자랑스럽게 여기지 않는 성질, 예컨대 두려움을 느끼고 위험을 예고할 줄 아는 능력 따위와 관계되기도 한다. '그'는 자기 자신의 한 부분적 측면과 동일시된다. 우리가 '그'가 누구인가라고 묻는다면 그 대답은 '그'는 그의 두뇌이거나 명성이거나 재산이거나 페니스이거나 양심이라고 해야 옳을 것이다. 여러 가지 종교의 온갖 우상들은 사람의 많은 부분적 측면을 나타내고 있다.

자아도취적인 사람의 경우 그의 자아도취 대상은 그의 자아를 구성하는 부분적 성질들 가운데 어떤 것이라도 상관없다. 재산으로 그의 자아가 대표되고 있는 사람이라면 자신의 위엄을 위협하는 것은 대수롭지 않게 생각할 수 있으나 재산을 위협하는 것은 생명에 대한 위협이 된다. 한편 지성으로 그의 자아가 대표되고 있는 사람의 경우 어리석은 말을 했다는 사실은 아주 침울해질 만큼 고통스러운 것이 된다.

그러나 자아도취가 심하면 심할수록 자아도취적인 사람에게는 스스로 실패했다는 사실을 인정하거나 다른 사람의 비판을 받아들이는 것이 더욱 어려워진다. 그는 남들의 모욕적 행동에 화를 내거나 또는 남들은 둔하고 교양이 없어서 공정한 판단을 내리지 못한다고 믿을 것이다(이와 관련해서 생각나는 사람이 있다. 그는 총명하지만 매우 자아도취적인 사람이었는데, 로르샤하 테스트 결과가 스스로 그리고 있던 자신의 이상상과 다르게 나오자 "이 검사를 한 심리학자에게 미안한걸. 그는 분명히 심한 편집증 상태일 거야"라고 말했다).

이제 자아도취 현상을 복잡하게 만드는 또다른 요인에 대해 말하고자 한다. 자아도취적인 사람은 '자아상'을 자아도취적 애착의 대상으로 삼고 있는 것과 마찬가지로 자신과 관련된 모든 것에 애착을 느낀다. **그의** 사상, **그의** 지식, **그의** 집, 또한 **그의** '관심권' 안에 있는 사람들은 자아도취적 애착의 대상이 된다.

프로이트가 지적한 바와 같이 가장 흔히 볼 수 있는 예는 자식에 대한 자아도취적 애착일 것이다. 많은 어버이들은 다른 아이들과 비교해 자기 자식이 가장 아름답고 가장 총명하다고 믿는다. 자식이 어리면 어릴수록 어버이의 자아도취적 편견은 더욱 강해지는 것 같다. 어버이의 갓난아이에 대한 사랑, 특히 어머니의 사랑은 대체로 갓난아이를 자신의 분신으로 보고 사랑하는 것이다.

어른들의 남녀 사이 사랑도 때로는 자아도취적 성격을 띤다. 어떤 여성을 사랑하는 남성은 그녀가 일단 '그의 것'이 되고 나면 자신의 자아도취를 여성에게 전이轉移할 수 있다. 그는 자신이 그녀에게 넘겨준 성질 때문에 그녀를 찬양하고 숭배한다. 그녀는 바로 그의 한 부분이기 때문에 각별한 성질을 갖게 되는 것이다. 또한 이러한 남성은 자신이 소유하는 모든 것을 각별히 놀랍다고 생각할 것이며 자신이 소유하는 것들과 '사랑에 빠질' 것이다.

자아도취는 많은 사람들에게 있어서 오로지 성적 욕망이나 생존의 욕구와만 그 강도를 비교할 수 있는 격렬한 감정이다. 사실상 많은 경우 자아도취는 성적 욕망이나 생존의 욕망보다 더 강하다는 것이 입증된다. 자아도취가 이렇게 강렬하지 않은 보통 사람의 경우에도 거의 파괴할 수 없을 듯한 자아도취적 핵심이 남아 있다. 그러므로 우리는 자아도취적 격정도 성이나 생존과 마찬가지로 중요한 **생물학적 기능**을 갖는 것이 아닐까 하는 생각을 하게 된다.

일단 이러한 의문을 제기하고 나면 그 대답은 쉽게 찾을 수 있다. 자신의 육체적 욕구, 관심, 욕망에 많은 에너지가 채워지지 않았다면 한 개인이 어떻게 생존할 수 있을까? 생존한다는 관점에서 보면 사람은 생물학적으로는 어느 누구에게 부여하는 중요성보다도 훨씬 큰 중요성을 자기 자신에게 부여하지 않으면 안 된다. 만일 그렇게 하지 않으면 그는 다른 사람으로부터 자신을 지키고, 자신의 생존을 위해 일하고, 살아남기 위해 싸우고, 다른 사람의 주장에 맞서 자신의 주장을 내세우기 위한 에너지와 관심을 어디서 얻을 수 있을까? 자아도취가 없다면 그는 아마도 성인일 것이다. 그러나 성인들의 생존율이 높을까? 정신적 관점에서는 가장 바람직한 것(자아도취가 없는 것)이 생존이라는 세속적 관점에서 보면 가장 위험한 일이 될 것이다.

목적론적으로 말하면 자연은 사람으로 하여금 생존에 필요한 일을 할 수 있도록 하기 위해 많은 자아도취를 부여했다고 할 수 있다. 이것은 특히 자연이 사람에게는 짐승과 같이 잘 발달된 본능을 주지 않았다는 점에서 볼 때 사실이다. 짐승의 경우에는 노력힐 깃인지 밀 것인지를 고려하거나 결정할 필요가 없을 만큼 타고난 본능적 본성이 생존을 돌봐주기에 생존이란 '문제'는 없는 것이다. 사람의 경우 본능의 장치는 대부분 그 능력을 잃었다. 따라서 자아도취가 매우 필요한 생물학적 기능을 맡는 것이다.

그러나 자아도취가 중요한 생물학적 기능을 수행한다는 사실을 일단 인정하고 나면 우리는 또다른 문제에 직면하게 된다. 극단적인 자아도취는 사람으로 하여금 다른 사람에게 무관심하게 만들고 다른 사람과의 협력을 위해 자신의 욕구를 양보하는 것이 꼭 필요할 때도 그렇게 못하게 하지 않았던가? 자아도취는 사람을 비사회적으로 만들고, 사실상 자아도취가 극단에 이르면 미치게도 하지 않았던가?

극단적인 개인적 자아도취가 모든 사회생활에 심한 장애물이 된다는 점에는 의심의 여지가 없다. 그렇다면 자아도취는 생존의 원리와 **갈등**을 일으키고 있다고 말하지 않을 수 없다. 개인은 집단 속에 편입될 때만 생존할 수 있기 때문이다. 어떤 사람이든 혼자서 자연의 위험과 맞서 자신을 지키기는 어려울 것이며, 또한 오직 집단적으로만 할 수 있는 여러 가지 일을 혼자서 하기도 어려울 것이다.

따라서 우리는 자아도취가 생존을 위해 꼭 필요하며 동시에 생존에 위협이 된다는 역설적 결과에 이르렀다. 이 역설의 해결에는 두 가지 방향이 있다. 하나는 **최대의** 자아도취보다는 **최적의** 자아도취가 생존에 이바지한다는 것이다. 다시 말해 생물학적으로 필요한 자아도취의 정도는 사회적 협력과 양립할 수 있는 정도의 자아도취로 줄어든다. 또 하나는 개인적 자아도취가 집단적 자아도취, 즉 개인 대신에 씨족, 나라, 종교, 인종 등을 자아도취적 격정의 대상으로 삼는 자아도취로 바뀐다는 사실이다. 따라서 자아도취적 에너지는 유지되기는 하지만 개인의 생존을 위해서가 아니라 집단의 생존을 위해 사용된다. 집단적 자아도취와 그 사회학적 기능을 다루기 전에 나는 **자아도취의 병리학**을 검토하려고 한다.

자아도취적 애착의 가장 위험한 결과는 합리적 판단의 왜곡이다. 자아도취적 애착의 대상은 객관적인 가치 판단을 바탕으로 가치 있다(좋다, 아름답다, 현명하다 등)고 생각되는 것이 아니라 그것이 '나'이거나 나의 것이기 때문에 가치 있다고 생각된다. 자아도취적 가치 판단은 선입견과 편견에 바탕을 두고 있다. 보통 이러한 선입견은 여러 형태로 합리화되고 이러한 합리화는 개인의 지성과 궤변 정도에 따라 다소 기만적이다.

술고래가 보여주는 자아도취의 경우 이러한 왜곡은 분명하다. 우리가 보기에는 피상적이고 평범한 얘기를 하고 있을 뿐인데도 당사자는 아주 신기하고 재밌는 얘기를 하고 있는 듯한 태도와 어조로 말한다. 그는 주관적으로는 '세계 제일'이라는 도취적인 감정을 갖지만 사실은 자기 팽창self-inflation 상태에 있다. 그렇다고 해서 몹시 자아도취적인 사람의 말이 반드시 지루하다는 뜻은 아니다. 만일 재주가 있거나 총명하다면 그는 재미있는 생각을 할 것이고 그가 이런 생각을 높이 평가

한다면 그의 판단이 전적으로 잘못은 아닐 것이다.

어쨌든 자아도취적인 사람은 자기 자신이 만들어낸 것을 높이 평가하기 쉬우며 그가 만들어낸 것의 실제 성격은 이러한 평가에 있어서 결정적인 것은 아니다('소극적 자아도취'의 경우에는 정반대이다. 이런 사람은 자신이 가진 모든 것을 과소평가하기 쉬우므로 그의 판단에도 역시 편견이 있다). 만일 그가 자신의 자아도취적 판단의 왜곡된 성질을 안다고 해도 그 결과는 별로 나쁘지 않다. 그는 자신의 자아도취적 편견에 대해 익살스런 태도를 취할 것이며 또한 그럴 만한 능력도 있다. 그러나 이런 경우는 드물다.

보통 이런 사람들은 자신이 편견을 갖고 있지 않으며 자기 생각은 객관적이고 현실적이라고 확신한다. 따라서 그의 생각하고 판단하는 능력은 더욱 심하게 왜곡된다. 그가 자기 자신과 자기 자신의 것을 다룰 때 이러한 능력은 거듭 둔해지기 때문이다. 따라서 '자기'가 아닌 것 혹은 자기 것이 아닌 것에 대한 자아도취적인 사람의 판단도 편견을 갖는다. 밖의 '내가 아닌' 세계는 열등하고 위험하고 비도덕적이다. 따라서 자아도취적인 사람은 결국 엄청난 왜곡을 하게 된다. 그와 그의 것은 과대평가되고, 밖에 있는 모든 것은 과소평가된다. 이성과 객관성에 대한 손상은 분명하다.

자아도취의 더욱 병리학적인 요소는 자아도취적으로 집중

된 태도에 대한 어떠한 비판에 대해서도 나타내는 감정적 반응이다. 정상적인 사람은 그 비판이 공정하고 적대적 의도를 갖고 있지 않다면 자기가 한 일이나 말에 대해 비판받더라도 화를 내지 않는다. 한편 자아도취적인 사람은 비판을 받으면 격렬하게 화를 내는 반응을 보인다. 그는 이 비판을 적대적인 공격이라고 생각한다. 그의 자아도취적 성격으로 보아 이러한 비판의 정당성은 상상도 할 수 없는 일이다. 자아도취적인 사람은 세상과 관계가 없고 그 결과 외톨이이며 따라서 두려워하고 있다. 이런 점을 고려해볼 때 그의 격렬한 분노를 충분히 이해할 수 있다.

이러한 고립감과 공포는 자아도취적인 자기 팽창에 의해 보상을 받는다. 만일 그가 세계**라면** 밖에 그를 두렵게 만드는 세계가 있을 수 없다. 만일 그가 모든 것이라면 그는 홀로 있는 것이 아니다. 따라서 그의 자아도취가 상처를 입을 때 그는 자신의 모든 존재가 위협을 받는다고 느낀다. 자신의 공포에 대한 보호, 곧 자기 팽창이 위협을 받으면 공포가 나타나고 결국은 격렬한 분노가 된다. 적절한 행동으로 그 위협을 선혀 삼소시킬 수 없기 때문에 이러한 격노는 더욱 강렬해진다. 오직 비판자 또는 자기 자신을 파멸시키는 것만이 자아도취적 안전에 대한 위협으로부터 그를 구할 수 있는 길이다.

자아도취에 상처를 입어서 일어나는 폭발적인 분노를 대신

할 수 있는 것이 있는데 그것은 **의기소침**depression이다. 자아도취적인 사람은 팽창에 의해 동일감을 얻는다. 외부 세계는 그에게 문제가 되지 않으며 또한 그 힘으로 그를 압도하지도 못한다. 그는 이미 세계가 되는 데 성공했고 전지전능함을 느끼는 데 성공했기 때문이다.

그의 자아도취가 상처를 받고 그의 처지가 비판자에 대해 주관적으로든 객관적으로든 약하다는 것 등의 여러 가지 이유 때문에 화를 낼 수 없는 것이 되면 그는 의기소침해진다. 그는 세계와 관계가 없으며 세계에 관심을 갖지 않는다. 그는 아무 것도 아니고 아무도 아니다. 그는 세계와의 관계의 중심으로서 자아를 발달시키지 않았기 때문이다.

그의 자아도취가 더 이상 유지될 수 없을 만큼 심한 상처를 입으면 그의 자아는 무너지고 이러한 붕괴의 주관적 반영은 의기소침이라는 감정이 된다. 내 견해로는 우울증 환자를 슬퍼하게 만드는 요인은 이미 죽어버린 놀라운 '나'에 대한 자아도취적인 상像과 관계되며, 따라서 의기소침해진 사람은 슬퍼하는 것이다.

이처럼 자아도취적인 사람은 자신의 자아도취가 상처를 입은 결과 생기는 의기소침한 상처를 두려워하기 때문에 필사적으로 이러한 상처를 피하려고 한다. 상처를 피하는 몇 가지 길이 있다. 하나는 외부의 비판이나 실패가 자신의 자아도취적

태도에 사실상 영향을 미치지 못하도록 자아도취를 강화하는
것이다. 다시 말해 위협을 막기 위해 자아도취의 강도가 증대
되는 것이다. 이는 물론 이 사람이 정신병에 걸릴 정도로 정신
적으로 중한 상태가 되어 의기소침이라는 위협적인 상태로부
터 치유되려고 하는 것을 보여준다.

한편 자아도취에 대한 위협을 해결하는 또 한 가지 방법이
있다. 이 방법은 당사자에게는 좀더 만족스럽지만 다른 사람
들에게는 좀더 위험한 것이다. 이것은 현실을 어느 정도까지
는 자신의 자아도취적인 자아상에 맞도록 바꾸려고 하는 해결
책이다. 영구 기관을 발명했다고 믿는 자아도취적 발명가가
그 한 예다. 그는 그 과정에서 조금은 의미가 있는 사소한 발
견을 한 데 지나지 않는 것이다.

더 중요한 해결책은 다른 사람의 동의를 얻으려고 하고, 또
한 가능한 한 몇 백만 명의 동의를 얻으려고 하는 것이다. 전
자는 **두 사람의 우행**愚行(결혼이나 우정 중에는 여기에 바탕을
두고 있는 것도 있음)의 경우지만, 후자는 몇 백만 명의 찬양
과 지지를 얻음으로써 자신의 잠재적인 정신병이 공공언하세
터져나오는 것을 막으려는 공공 인물의 경우이다. 후자의 경
우 가장 잘 알려진 예는 히틀러다.

그는 몇 백만 명에게 자신의 자아상을 믿게 하고, **제3제국**
이라는 황금시대에 대한 자신의 장엄한 환상을 진지하게 받아

들이게 하지 못했더라면, 또한 그의 추종자들이 자기가 옳다고 믿도록 현실을 바꾸는 데 성공하지 못했더라면 아마도 공공연한 정신병자가 되었을 매우 자아도취적인 사람이었다(다른 방식으로는 자아도취적 자아상의 붕괴를 도저히 감당할 수 없었기 때문에 그는 실패하게 되자 자살하지 않을 수 없었다).

그 밖에도 역사에는 세상을 자신의 자아도취에 맞도록 바꿈으로써 자아도취를 '치료' 한 과대망상증에 걸린 지도자들의 예가 많이 있다. 또한 이러한 사람들은 모든 비판자를 파멸시키려 하지 않을 수 없었다. 건전한 목소리가 조성하는 위협을 묵과할 수 없었기 때문이다.

칼리굴라[7]와 네로로부터 스탈린과 히틀러에 이르기까지 신봉자를 찾아내고, 자신의 자아도취에 맞도록 현실을 바꾸고, 모든 비판자를 파멸시키려는 그들의 욕구는 바로 광기가 터져나오는 것을 막으려는 노력이었기에 그토록 강렬하고 처절했다는 것을 우리는 알고 있다. 또는 역설이기는 하지만 이러한 지도자들의 광기야말로 그들을 성공시킨 요인이다. 이러한 요인으로 말미암아 그들은 확신을 갖고 보통 사람들이라면 매우 강렬한 회의를 느낄 일에도 아무런 회의를 느끼지 않았다. 세상을 변혁하고 자신의 사상과 망상을 나누어 갖도록 다른 사람

---

7) 포악하기로 유명했던 로마 황제.

들을 정복하려는 이러한 욕구를 달성하려면 보통 사람들(정신 병적이든 그렇지 않든)이 갖지 못한 자질과 재능이 필요하다는 것은 두말할 나위가 없다.

자아도취의 병리학을 다루는 경우 하나는 **양성**이고 또 하나는 **악성**인 자아도취의 두 가지 형태를 구별하는 것이 중요하다. 양성 형태에서 자아도취의 대상은 자기 자신의 노력의 결과다. 따라서 사람들은 예컨대 목수로서, 과학자로서, 또는 농부로서 자기가 한 일에 대해 자아도취적인 자부심을 가질 수 있다. 그의 자아도취의 대상은 스스로 노력하지 않으면 안 되는 것이므로, **자신의** 노력과 **자신의** 업적에 대한 그의 배타적인 관심은 일 자체의 과정과 그가 다루는 소재에 대한 관심 때문에 끊임없이 적당한 균형을 유지하게 된다. 따라서 이처럼 양성인 자아도취의 역학은 적절한 자기 제어를 하고 있다.

일을 추진시키는 에너지는 대부분이 자아도취적 성질을 가진 것이지만 일 자체는 현실과의 관계가 불가피하다. 이와 같은 사실 때문에 자아도취는 끊임없이 억제되고 일정한 한계 안에 머물러 있다. 이러한 메커니즘을 보면 우리는 자아도취적이면서 동시에 매우 창조적인 사람들이 많은 까닭을 알 수 있다.

악성 자아도취의 경우 자아도취의 대상은 그가 하는 일이나 만들어내는 것이 아니라 그가 **갖고 있는** 것, 예컨대 자신의 몸, 자신의 모습, 자신의 건강, 자신의 재산 등이다. 이와 같은 유형의 자아도취에는 양성 형태에서 볼 수 있는 중화적 요소가 없고 바로 그 사실 때문에 이것이 악성임을 알 수 있다.

내가 **성취**한 어떤 일 때문이 아니라 내가 **갖고 있는** 어떤 성질 때문에 내가 '위대'하다면 나는 어떤 사람 또는 어떤 사물과 관계를 가질 필요도 전혀 없고 노력할 필요도 전혀 없다. 나의 위대한 상像을 유지하려면 나는 나 자신을 현실로부터 점점 더 유리시키면 되고, 자아도취적으로 팽창한 자아가 나의 공허한 상상의 산물임이 드러날지도 모를 위험으로부터 더욱 잘 보호받기 위해서는 자아도취적 충전을 증가시키지 않으면 안 된다. 따라서 악성 자아도취는 자기 한계가 없고 그 결과 세상을 싫어할 뿐 아니라 조잡할 정도로 유아독존적이다.

무언가 성취할 줄 아는 사람은 다른 사람도 같은 방법으로 같은 일을 성취하고 있다는 사실을 인정하지 않을 수 없다. 비록 그의 자아도취는 그의 업적이 다른 사람들의 업적보다 더 크다고 그를 설득하겠지만⋯⋯. 아무것도 이루어보지 못한 사람은 다른 사람의 성취를 평가하기 어렵고 따라서 자아도취적 영광 속에 자신을 더욱 고립시키지 않을 수 없다.

우리는 지금까지 개인적 자아도취의 역학, 다시 말해 그 현상과 생물학적 기능, 병리학에 대해 설명했다. 이러한 설명으로 말미암아 우리는 이제 **사회적 자아도취** 현상과 폭력 및 전쟁의 원천으로서 그것이 하고 있는 역할을 이해하게 되었다.

다음 논의의 중심점은 개인적 자아도취를 집단적 자아도취로 변화하게 하는 현상에 있다. 우선 개인적 자아도취의 생물학적 기능과 병행하는 집단적 자아도취의 사회학적 기능부터 고찰하기로 하자. 살아남으려고 하는 조직적 집단의 관점에서 본다면 집단 구성원들이 그 집단에 대한 자아도취적 에너지를 공급하는 것이 중요하다. 한 집단의 생존은 어느 정도는 그 구성원들이 집단의 중요성을 자신의 생명만큼 크거나 또는 더 크다고 생각하는 데, 더 나아가 다른 집단과 비교할 때 자기 집단이 올바르고 우월하다고 믿는 데 달려 있다. 집단의 이러한 자아도취적 집중이 없다면 집단이 살아남기 위해 필요한 에너지, 또는 집단을 위해 큰 희생을 치르게 하는 에너지는 몹시 줄어들 것이다.

집단적 자아도취의 역학에서도 우리는 이미 개인적 자아도취와 관련지어 말했던 현상과 동일한 현상을 찾아볼 수 있다. 여기서도 우리는 자아도취의 양성 형태와 악성 형태를 구별할 수 있다. 집단적 자아도취의 대상이 성취라면 우리가 앞서 본 것과 같은 변증법적 과정이 생긴다. 무언가 창조적인 일을 성취해야 할 필요성 때문에 집단적 유아론唯我論의 폐쇄적인 서클에서 벗어나고 성취하고자 하는 대상에 관심을 갖지 않을 수 없다(만일 집단이 추구하는 성취가 정복이라면 참으로 생산적인 노력에서 생기는 유익한 효과가 상당 부분 상실되리라는 것은 당연하다).

한편 집단적 자아도취가 집단 자체, 그 영광, 과거의 업적, 구성원의 체격 등을 대상으로 삼는다면 앞서 말한 경향은 발달하지 않는 반면 자아도취적 정위와 그 결과 발생하는 위험은 착실하게 증대될 것이다. 물론 실제로는 두 요소가 섞여 있는 경우가 많다.

집단적 자아도취의 또 하나의 사회학적 기능이 있는데 이는 아직까지 다루지 않은 것이다. 그 구성원 대부분 또는 많은 사람들에게 적절한 공급을 할 만한 수단을 갖추지 못한 사회는 그들 사이에서 불만이 퍼지는 것을 막기 위해, 그들에게 악성적 유형의 자아도취적인 만족감을 주지 않으면 안 된다. 경제적·문화적으로 가난한 사람들에게는 그 집단에 속해 있다는 자아도취적 자부심이 단 하나의 그리고 때로는 매우 효과적인 만족의 원천이다. 생활은 그들에게 '흥미로운 것'이 아니고 또한 그들에게 관심을 증대시킬 가능성을 주는 것도 아니기 때문에 그들은 자아도취의 극단적인 형태를 발달시킨다.

이러한 현상을 보여주는 최근의 좋은 예는 히틀러 시대의 독일에 존재했고 오늘날에도 미국 남부에서 볼 수 있는 인종적 자아도취다. 두 경우 모두 인종적 우월감의 핵심은 중산 하층 계급이었으며 지금도 그러하다. 독일에 있어서나 미국에 있어서나 이 후진적 계급은 경제적·문화적으로 착취당하는 계급이었으며, 이 계급은 그 상황을 변화시킬 만한 현실적 희망이 전혀 없었으므로(그들이 사회의 노화하고 퇴화한 형태의 유물이기 때문에) 만족을 얻는 길은 단 하나밖에 없었다. 곧 자아상을 세상에서 가장 훌륭한 민족인 동시에 집단으로, 열등한 집단으로 골라낸 다른 인종 집단보다 우월한 것으로 팽창시키는 것이었다. 이러한 후진 집단의 구성원들은 다음과 같이 생각한다.

"비록 가난하고 교양이 없을지라도 나는 세상에서 가장 훌륭한 집단에 속해 있기 때문에 중요한 존재다. 나는 백인이란 말이다."

"나는 아리안 민족이란 말이다."

집단적 자아도취는 개인적 자아도취보다 더 알아보기가 어렵다. 어떤 사람이 "나와 내 가족은 세상에서 가장 훌륭한 사람이다. 우리들만이 깨끗하고 총명하고 착하고 점잖다. 다른 사람들은 모두 더럽고 어리석고 정직하지 못하고 무책임하다"고 말한다면 대부분의 사람들은 이 사람을 균형을 잃은 미숙한 사람이라 생각할 것이다. 심지어 미쳤다고 생각하기까지 할 것이다.

그러나 광신적인 연설가가 대중에게 '나' 또는 '내 가족' 이라는 말 대신에 민족·종족·종교·정당 등을 내세워서 말하면 그는 조국애, 신에 대한 사랑 등으로 많은 사람들의 칭찬을 받고 존경을 받을 것이다. 다른 민족이나 종교는 명백하게 그들을 멸시했다는 이유로 이 연설에 대해 분노할 것이다. 그러나 우호 집단 **속**에서는 모든 사람들이 개인적 자아도취로 인해 의기양양해지고, 수백만이 여기에 동의한다는 사실이 이 말을 합리적인 것으로 보이게 한다.

사람들 대다수가 '합리적' 이라고 생각하는 것은 모든 사람은 아닐지라도 적어도 상당히 많은 사람들로부터 동의를 얻고 있다는 것을 뜻한다. 그러나 대부분의 사람들이 '합리적' 이라고 생각하는 것은 이성과는 관계가 없고 여론과 관계가 있을 뿐이다. 집단 전체가 생존하기 위해서는 집단적 자아도취가 필요하므로 그것이 자아도취적 태도를 더욱 촉진시킬 것이고, 그들이 각별히 유덕한 성질을 가졌다고 믿게 할 것이다.

역사적으로 볼 때 자아도취적 태도가 퍼진 집단의 구조와 규모는 매우 다양하다. 미개 종족이나 미개 씨족에 있어서 이 집단은 단지 몇백 명을 포함할 뿐이다. 여기서 개인은 아직도 '개인적' 이 아니며 아직도 무너지지 않은 '일차적 유대'[10]에 의해 혈연 집단으로 결합되어 있다. 따라서 씨족과 관련된 자아도취는 그 구성원들이 아직도 감정적으로는 씨족을 벗어나 자기 자신의 존재를 갖지 못한다는 사실에 의해 강화된다.

인류 발달 과정에서 사회화가 끊임없이 확대돼왔다는 것을 우리는 알고 있다. 혈연에 바탕을 두었던 본래의 작은 집단은 공통된 언어, 공통된 사회 질서, 공통된 신앙을 바탕으로 하는 더욱 큰 집단에 흡수된다. 집단의 규모가 커진다는 것이 반드시 자아도취의 병리학적 성질이 줄어드는 것을 뜻하지는 않는다. 앞에서도 지적한 바와 같이 '백인' 또는 '아리안 민족' 의 자아도취는 개개인의 극단적인 자아도취와 마찬가지로 악성이다. 그러나 일반적으로는 더욱 큰 집단을 형성하게 하는 사회화 과정에서 혈연에 의해 결합되지 않은 많은 이질적인 사람들과 협력할 필요성이 생기고, 이러한 필요성은 그 집단 안의 자아도취적 충전과 반대 방향으로 작용하기 쉽다.

다른 한편, 양성의 개인적 자아도취와 관련해 앞에서 한 말이 여기서도 적용된다. 곧 큰 집단(민족, 국가 또는 종교)이 물질적·지적·예술적 생산 분야에서 무언가 가치 있는 일의 성취를 자아도취적 자부심의 대상으로 삼는 한 이러한 분야의 작업 과정 자체는 자아도취적 충전을 감소시킨다.

로마 가톨릭 교회의 역사는 한 집단 안에 자아도취와 그 반

10〉 E. Fromm, 『Escape from Freedom』에 나오는 일차적 결합에 대한 이론 참조.

작용이 특수하게 섞여 있는 모습을 보여주는 수많은 예들 가운데 하나다. 가톨릭 교회 안에서 자아도취에 반작용하고 있는 요소는 첫째, 사람의 보편성과 이미 어느 특수한 종족이나 민족의 종교가 아닌 '보편적'인 교회라고 하는 개념이다.

둘째, 신의 관념을 앞세우고 우상을 부정함으로써 생기는 자기 겸손의 관념이다. '신의 존재'에는 어떠한 사람도 신이 될 수 없고 어떠한 사람도 전지전능할 수 없다는 뜻이 포함되어 있다. 따라서 신의 존재는 사람의 자기 우상화에 분명한 한계를 설정한다. 그러나 이와 동시에 가톨릭 교회는 강렬한 자아도취, 곧 교회를 믿는 것이 구원을 받는 유일한 기회이며 교황은 그리스도의 대리인이라는 자아도취를 고양시켜왔다. 그 구성원은 이러한 특별한 제도에 속하는 일원이었기 때문에 강렬한 자아도취를 발달시킬 수 있었다. 신과의 관계에서도 똑같은 일이 일어난다. 신이 전지전능하다는 것이 인간을 겸손하게 만들었지만 흔히 개인은 자신을 신과 동일시했고 이렇게 동일시하는 과정에서 각별한 자아도취가 발달했다.

자아도취적 기능과 반反자아도취적 기능 사이의 이러한 애매함은 예컨대 불교나 유태교나 이슬람교나 신교 같은 다른 주요 종교에도 있다. 내가 가톨릭교를 예로 든 것은 그것이 잘 알려져 있는 예일 뿐 아니라 동일한 역사적 시기, 곧 15세기와 16세기에 있어서 휴머니즘과 격렬하고 광신적인 종교적 자아도취에 있어서 기초가 되었기 때문이다.

교회 안팎의 휴머니스트들은 기독교에 원천을 둔 휴머니즘의 이름으로 자기 주장을 펼쳤다. 니콜라우스 쿠사누스[8]는 만인에 대한 종교적 관용을 설교했고, 피치노[9]는 사랑은 모든 창조의 근원적 힘이라고 기르쳤으며, 에라스무스[10]는 교회의 상호 관용과 민주화를 요구했고, 비非국교도였던 토머스 모어[11]는 보편구제설과 인간의 연대책임이라는 원리를 주장하다가 그 때문에 죽었다. 포스텔[12]은 니콜라우스와 에라스무스의 주장을 바탕으로 세계 평화와 세계 통일을 주장했고, 피로 델라 미란돌라[13]를 따르던 시쿨로[14]는 인간의 존엄성과 인간의 이성 및 덕과 자기 완성 능력을 열렬히 주장했다. 이러한 사람들은 기독교적 휴머니즘의 토양에서 자라난 많은 사람들과 함께 보편성과 우애와 존엄성과 이성을 주장했다. 그들은 관용과 평화를 위해 싸웠다.[11]

이 사람들과 양극에서 대립한 것이 루터와 가톨릭 교회라

---

8) 독일의 성직자로 로마 교회의 추기경이 된 철학자.
9) 15세기 이탈리아의 휴머니스트.
10) 15세기 네덜란드의 휴머니스트이자 신학자.
11) 15세기 영국의 저술가, 대법관. 저서 『유토피아』로 유명하다.
12) 15세기의 휴머니스트.
13) 15세기 이탈리아의 휴머니스트.
14) 15세기의 휴머니스트.
11〉 Friedrich Heer의 뛰어난 저서 『Die dritte Kraft』 참조.

는 광신적인 세력이었다. 휴머니스트들은 파국을 피하려고 노력했다. 결국엔 두 광신자들이 승리했다. 처참한 30년 전쟁에서 절정에 이른 종교적 박해와 전쟁은 휴머니즘 발달에 큰 타격이 되었고 유럽은 아직도 이 타격으로부터 회복되지 못했다(우리는 이 일과 300년 후에 사회주의적 휴머니즘을 파괴한 스탈린주의와의 유사점을 생각하지 않을 수 없다).

16세기와 17세기의 종교적 증오를 돌이켜볼 때 그 불합리성은 분명해진다. 양쪽은 모두 신과 그리스도와 사랑의 이름으로 자기네 주장을 내세웠으며 일반 원리와 비교해볼 때 이차적 중요성밖에 갖지 못하는 오로지 한 가지 점에서만 의견이 달랐다. 그런데도 그들은 서로 미워했고, 각기 자기네들의 종교적 신앙 전선에만 인간성이 있다고 확신했다.

자기 자신의 위치에 대한 이러한 과대평가와 처지가 다른 모든 사람들에 대한 증오의 본질은 자아도취에 있다. '우리'는 훌륭하고 '그들'은 보잘것없다. '우리'는 선하고 '그들'은 악하다. 자신의 교리에 대한 비판은 사악하고 참을 수 없는 공격이지만 다른 사람의 처지에 대한 비판은 그들을 진리로 되돌아오도록 도와주는 선의의 노력인 것이다.

르네상스 이후로 집단적 자아도취와 휴머니즘이라는 모순되는 두 큰 세력은 각기 독자적인 방식으로 발달해왔다. 불행하게도 집단적 자아도취의 발달은 휴머니즘의 발달을 엄청나게 앞질렀다. 중세 말기와 르네상스 시대에는 유럽에서 정치적·종교적 휴머니즘의 등장을 준비하는 것이 가능한 듯했으나 이러한 기대는 실현되지 않았다. 새로운 형태의 집단적 자아도취가 출현하여 그 다음 세기들을 휩쓸어버린 것이다.

이러한 집단적 자아도취는 종교적·민족적·인종적·정치적 형태 등 다양한 형태를 취했다. 신교는 가톨릭에 반대하고 프랑스 사람들은 독일 사람들에 반대하고 백인은 흑인에 반대하고 아리안 민족은 비아리안 민족에 반대했다. 우리는 내용은 달라도 심리학적으로는 동일한 자아도취적 현상과 그 결과 생겨난 광신 및 파괴성을 다루고 있는 것이다.[12]

집단적 자아도취가 성장하는 동안에 그 상대방인 휴머니즘도 발달했다. 18세기 및 19세기에 스피노자, 라이프니츠, 루소, 헤르더, 칸트로부터 괴테, 마르크스에 이르기까지 인류는 하나며, 각 개인은 자기 자신 속에 모든 인간성을 간직하고 있고, 타고난 탁월함에 바탕을 둔 특권을 지녔다고 주장할 만한 특권 집단은 있을 수 없다는 사상이 발달했다.

제1차 세계대전은 휴머니즘에 대해서는 큰 타격이었고

---

12) 지부, 작은 종파, 동창 등 소규모 집단을 지향하는 또다른 형태의 덜 해로운 집단적 자아도취도 있다. 이 경우 자아도취의 정도는 더욱 큰 집단의 자아도취보다 덜하지는 않다 해도 이와 관련된 집단에 거의 권력이 없고 따라서 해를 끼칠 만한 능력이 없기 때문에 덜 위험하다.

집단적 자아도취가 더욱 법석대도록 부채질했다. 예컨대 제 1차 세계대전의 모든 교전국에게 나타난 민족적 히스테리, 히틀러의 인종주의, 스탈린의 당 우상화, 마호메트교와 힌두교의 광신, 서방의 반공산주의적 광신 등이 그것이다. 이러한 여러 가지 형태의 집단적 자아도취는 세상을 전면적 파괴의 심연으로 몰아넣었다.

오늘날은 모든 나라에서 그리고 다양한 이데올로기의 대표자들 사이에서 이와 같은 인간성에 대한 위협에 반응하기 위해 휴머니즘의 르네상스를 생각하는 것을 볼 수 있다. 가톨릭과 신교 신학자들, 사회주의적인 철학자와 비사회주의적인 철학자 중에는 급진적인 휴머니스트들이 있는 것이다. 전면적 파괴의 위험, 네오휴머니즘 사상 및 새로운 커뮤니케이션 방법에 의해 모든 사람들 사이에 조성된 유대가 집단적 자아도취의 영향을 멈추게 하기에 충분한가 그렇지 않은가 하는 것은 인류의 운명을 결정할지도 모르는 중대한 문제다.

집단적 자아도취가 더욱 강렬해지는 것은 종교적 자아도취로부터 민족적·인종적·당적 자아도취로 변한 데 지나지 않지만 참으로 놀라운 현상이다. 첫째, 앞서 말한 것처럼 르네상스 이래로 휴머니즘 세력이 발달해왔기 때문이다. 둘째, 자아도취를 약화시키는 과학적 사고가 발달해왔기 때문이다. 과학적 사고방식은 객관성과 현실주의를 요구하고, 세상을 있는 그대로 보면서 자신의 욕망이나 공포에 따라 왜곡시키지 말라고 요구한다. 또한 과학적 방식은 현실의 사실에 대해 겸허하고 전지전능해지려는 모든 희망을 버리라고 요구한다.

비판적 사고에 대한 욕구, 실험, 증명 그리고 회의적인 태도. 이러한 것들은 과학적 노력의 특색이며 또한 자아도취적 정위에 반대 작용을 하는 사고방식이다. 과학적 사고방식은 말할 것도 없이 현대 네오휴머니즘 발달에 영향을 미쳤고, 현대의 뛰어난 자연과학자 대부분이 휴머니스트라는 사실은 결코 우연이 아니다. 그러나 대다수 서양인들은 학교나 대학에서 과학적 방법을 '배웠음'에도 실제로는 과학적 방법, 곧 비판적 사고에 대해 전혀 알지 못한다.

심지어 자연과학 분야의 전문가들조차 대부분 **기술자**로 남아 있고 **과학적 태도**를 획득하지 못했다. 대다수 사람들에게 자신들이 배운 과학적 방법은 별 의미가 없다. 고등 교육이 어느 정도는 개인적 또는 집단적 자아도취를 약화시키고 완화시킨다고 말할 수 있을지 몰라도 현대의 집단적 자아도취의 표현인 민족적, 인종적 또는 정치적 운동에 '교육받은' 사람들 대부분이 열렬히 가담하는 것을 막지는 못하고 있다.

반대로 과학은 자아도취의 새로운 대상을 만들어낸 것 같다. 그것은 바로 **기술**이다. 전에는 꿈도 꾸지 못했던 사물 세계의 창조자라는 인간의 자아도취적 자부심, 다시 말해 라디오, 텔레비전, 원자력, 우주 여행의 발견자이고 심지어 지구 전체를 파괴시킬 잠재적 힘을 갖고 있는 자라는 자부심은 인간에게 자아도취적으로 자신을 팽창시킬 새로운 대상을 주었다.

현대사에 있어서 자아도취 발달에 따르는 모든 문제를 고찰하는 가운데 우리는 다음과 같은 프로이트의 말을 떠올리게 된다. 곧 코페르니쿠스, 다윈, 그리고 프로이트 자신은, 우주에서 사람은 독특한 역할을 하며, 사람은 기본적이고 대체할 수 없는 실재實在라는 믿음을 무너뜨림으로써 사람의 자아도취에 깊은 상처를 주었다는 것이다. 그러나 이렇게 해서 사람의 자아도취가 깊은 상처를 입기는 했으나 겉에 나타난 것처럼 훨씬 줄어들지는 않았다. 사람은 자아도취를 다른 대상으로 옮기는 식으로 반응한 것이다. 다시 말해 민족, 인종, 정치적 신조, 기술 등으로 자아도취 대상을 옮긴 것이다.

집단적 자아도취의 병리학을 보면 가장 분명하고 잦은 증상은 개인적 자아도취의 경우와 마찬가지로 객관성이 없고 합리적 판단을 하지 못한다는 데 있다. 흑인에 대한 가난한 백인의 판단 또는 유태인에 대한 나치의 판단을 검토해보면 우리는 그들이 내린 판단의 왜곡된 성격을 쉽게 알 수 있다. 진리의 보잘것없는 지푸라기는 모아놓았지만 이렇게 해서 형성된 전체는 거짓과 날조에 지나지 않는다. 정치적 행동이 자아도취적인 자기 찬미에 바탕을 두고 있다면 흔히 객관성의 결여로 말미암아 비참한 결과가 생긴다.

우리는 20세기 전반을 통해 민족적 자아도취의 결과에 대한 두 가지 놀라운 예를 목격해왔다. 제1차 세계대전이 일어나기 전 오랫동안 프랑스군에겐 많은 중포나 기관총이 필요하지 않다는 주장이 프랑스의 공식적인 전략 이론이었다. 프랑스 병사들은 용기와 공격 정신이라는 프랑스의 미덕으로 무장되어 있으므로 적을 무찌르기 위해서는 총검만으로 충분하다고 생각했던 것이다. 그러나 사실을 알고 보면 독일군의 기관총은 프랑스 병사 수십만 명을 휩쓸어버렸고 프랑스를 패배로부터 구출해준 것은 오로지 독일의 전략적인 잘못과 후기 미국의 원조였다.

제2차 세계대전에서도 독일은 똑같은 잘못을 저질렀다. 개인적 자아도취가 매우 심한 사람이었던 히틀러는 수백만 독일인들의 집단적 자아도취를 부채질했지만 독일의 힘을 과대평가하고 미국의 힘을 과소평가했을 뿐 아니라 또 한 사람의 자아도취적인 장군인 나폴레옹처럼 러시아의 겨울을 과소평가했다. 히틀러는 영리했으나 **현실을 객관적으로** 볼 수 없었다. 승리를 거두고 지배하고 싶다는 소망이 군비와 기후라는 현실보다 더 무섭게 작용했기 때문이었다.

집단적 자아도취에도 개인적 자아도취와 마찬가지로 만족

감이 필요하다. 어떤 차원에서 이 만족감은 자기 집단은 우수하고 다른 모든 집단은 열등하다는 공통된 이데올로기에 의해 마련된다. 종교적 집단에서 이러한 만족감은 **나의** 집단만이 참된 신을 믿는 유일한 집단이고 따라서 **나의** 신은 오직 하나의 참된 신이므로 다른 집단은 잘못된 길로 들어선 비신자로 구성되어 있다는 가정에 의해 쉽게 마련된다. 그러나 우월성의 증인으로 신을 내세우지 않더라도 집단적 자아도취는 세속적 차원에서 같은 결과에 도달할 수 있다. 미국 일부 지방이나 남아프리카 공화국에서 볼 수 있는 흑인보다 백인이 우수하다는 자아도취적 확신은 자기 집단은 우월하고 다른 집단은 열등하다는 생각에는 어떠한 제한도 없다는 사실을 입증해준다.

그러나 어떤 집단이 이러한 자아도취적 자아상에 만족하기 위해서는 어느 정도 현실적 확증도 필요하다. 앨라배마 주나 남아프리카 공화국 백인들이 사회적·경제적·정치적 차별 행위로 흑인에 대한 그들의 우월성을 시위하는 힘을 갖고 있는 한 그들의 자아도취적 신념은 어느 정도 현실적 요소를 지니며, 따라서 이 신념은 자아도취적 사상 체계 전체를 뒷받침한다. 나치에 대해서도 똑같은 말을 할 수 있다. 나치의 경우 모든 유태인을 죽이는 것이 아리안 민족의 우월성을 증명하는 길이 아닐 수 없었다(가학자의 경우 사람을 죽일 수 있다는 사실은 죽이는 자가 우월하다는 증거가 됨).

그러나 자아도취적으로 팽창된 집단이 자아도취적 만족의 대상이 되기에 충분할 만큼 무력한 소수 집단을 가질 수 없게 되면 이 집단의 자아도취는 군사적 정복을 바라게 되기 쉽다. 이는 1914년 이전에 범게르만주의와 범슬라브주의가 걸었던 길이다. 두 경우 모두 자기 민족은 다른 모든 민족보다 우월한 '선민選民'이라는 역할을 갖게 되었고, 따라서 그들의 우월성을 인정하지 않는 민족들을 공격하는 것이 정당화되었다.

나는 제1차 세계대전의 원인 **자체**가 범게르만주의 및 범슬라브주의 운동의 자아도취에 있었다고 말하려는 게 아니다. 그러나 그들의 광신은 분명 전쟁 발발에 이바지한 요인 가운데 하나였다. 더 나아가 우리가 잊어서는 안 될 것은 일단 전쟁이 시작되면 각국 정부들은 전쟁을 승리로 이끌기 위해 필요한 심리적 조건으로서 민족적 자아도취를 고양하려 한다는 점이다.

집단적 자아도취가 상처를 입으면 그 반응으로 우리가 앞서 개인적 자아도취와 관련하여 고찰한 바 있는 분노가 생긴다. 집단적 자아도취의 상징이 무시당하면 흔히 광기에 가까운 분노가 일어난다는 사실을 보여주는 많은 역사적 사례가 있다. 국기에 대한 불경 행위, 그 집단의 신과 황제와 지도자에 대한 모욕, 패전과 영토의 상실……．

이러한 행위는 흔히 격렬한 집단적 복수감을 불러일으키고 결국은 새로운 전쟁을 초래한다. 상처입은 자아도취는 상처를 입힌 자가 궤멸되어 그 집단의 자아도취를 모욕할 수 없게 될 때에만 치유될 수 있다. 개인적인 것이든 민족적인 것이든 복수는 상처입은 자아도취에 바탕을 두고 있으며 상처입힌 자를 궤멸시킴으로써 상처를 치료하려는 욕구가 원동력이 되는 경우가 많다.

끝으로 자아도취 병리학의 요인 또 하나를 덧붙이고자 한다. 심하게 자아도취적인 집단은 자신과 동일시될 수 있는 지도자를 열망한다. 따라서 이 지도자는 자신의 자아도취를 그에게 투영한 집단의 숭배를 받는다. 바로 강력한 지도자에게 복종하는 행위(이러한 행위는 심층에 있어서는 공생과 동일시됨)에 의해 개인의 자아도취는 지도자에게 전이된다. 지도자가 위대하면 할수록 추종자도 그만큼 위대해지는 것이다.

개인적으로 볼 때 특히 자아도취적인 퍼스낼리티는 이러한 기능을 수행하기에 가장 적합하다. 자신의 위대함을 확신하고 아무런 의심도 갖지 않는 지도자의 자아도취가 그에게 복종하는 사람들의 자아도취를 매혹하는 것이다. 객관적 판단 결여, 어떠한 좌절에 대해서도 나타내는 분노 어린 반응, 전능한 자아상을 유지하려는 욕구 등으로 말미암아 결국엔 자신을 파멸시키게 될 커다란 잘못을 저지를 때까지는 반미치광이 같은 지도자가 가장 성공적인 지도자로 추앙받는 경우가 많다. 그러

나 자아도취적인 대중의 욕구를 만족시켜주는 반미치광이 같
은 사람은 언제나 우리 곁에 있게 마련이다.

우리는 여태껏 자아도취 현상, 그 병리학과 생물학적·사회
학적 기능을 검토해왔다. 그 결과 우리는 양성이고 일정한 한
계를 넘지 않는 것이라면 자아도취는 필요하고 가치 있는 정위
라는 결론에 도달한 것 같다. 그러나 우리의 설명은 아직도 불
완전하다. 사람은 오직 생물학적·사회학적 생존에 관심을 가
질 뿐 아니라 **가치**, 곧 그것으로 말미암아 사람이 사람답게 되
는 가치의 발달에도 관심을 가지는 것이다.

가치라는 관점에서 보면 자아도취는 이성이나 사랑과는 모
순된다는 것이 분명해진다. 이 말에는 긴 설명이 필요치 않을
것이다. 자아도취적 정위는 그 본성으로 말미암아 정도에 따
라 현실을 있는 그대로, 다시 말해 객관적으로 보지 못하게 한
다. 달리 말해 자아도취적 정위는 이성을 제한한다.

자아도취적 정위가 사랑을 제한한다는 것은(특히 프로이트
가 다음과 같이 말한 것을 상기해볼 때) 이성을 제한하는 경우
처럼 분명하지는 않은 것 같다. 프로이트는 모든 사랑에는 강
력한 자아도취적 요소가 있고, 한 여성을 사랑하는 남성은 그
녀를 자신의 자아도취 대상으로 삼으며, 이에 따라 그녀가 그
의 분신이 되기 때문에 그 여성이 놀랍고도 바람직한 존재가
된다고 말했던 것이다. 여성도 남성에게 똑같은 태도를 가질

수 있으며 이럴 경우 우리는 '위대한 사랑' 을 보게 된다. 흔히 이러한 사랑이 사랑이라기보다는 오히려 **두 사람의 우행**일 경우가 많지만……

두 사람이 모두 그들의 자아도취를 유지하며 서로(다른 사람에게는 말할 것도 없고) 참으로 깊은 관심을 갖지 못한 채 과민하고 의심이 많은 상태에 있다면 그들은 각기 신선한 자아도취적 만족을 줄 수 있는 새로운 대상을 원하게 되기가 쉽다. 자아도취적인 사람의 경우 상대방은 있는 그대로의 사람이거나 전적으로 실재하는 사람은 결코 아니다. 그는 오직 상대방의 자아도취적으로 팽창한 자아의 그림자로서 존재할 뿐이다. 한편 병적이지 않은 사랑은 서로의 자아도취에 바탕을 두지 않는다. 이러한 사랑은 서로를 분리된 존재로 경험하면서도 서로 마음을 열고 하나가 될 수 있는 두 사람 사이의 관계다. 사랑을 경험하기 위해서 우리는 먼저 분리를 경험해야 한다.

모든 위대한 휴머니즘적 종교의 본질적 가르침은 **자기 자신의 자아도취 극복이 사람의 목표**라는 한 문장으로 요약될 수 있다. 이 점을 고려해볼 때 윤리적·정신적 관점에서 자아도취 현상이 어떠한 의미를 갖는지를 아주 명백하게 알 수 있다. 아마도 이 원리를 가장 철저하게 나타낸 것은 불교일 것이다. 사람은 환상에서 깨어나 자신의 현실, 다시 말해 병과 늙음과 죽음이라는 현실, 탐욕스러운 목적은 결코 달성될 수 없다는 현실을 깨달을 때만이 비로소 고통으로부터 구제될 수 있다. 이 것이 바로 불타의 가르침의 요점이다. 불타의 가르침이 말하는 '깨달은' 사람은 자신의 자아도취를 극복한 사람, 따라서 완전한 깨달음을 가진 사람이다.

같은 생각을 다음과 같이 다르게 표현할 수도 있을 것이다. 사람은 자신의 '파괴할 수 없는 자아'라는 환상을 제거할 때에만, 이러한 자아를 자기 탐욕의 다른 대상들과 함께 버릴 수 있을 때에만, 오로지 이럴 때에만 세상에 열려지고 세상과 충분한 관계를 가질 수 있다. 심리학적으로는 충분한 깨달음에 이르는 이러한 과정이 세상과의 관계를 통해 자아도취를 버리는 것과 같다.

유태교와 기독교 전통에서도 동일한 목표가 자아도취 극복을 의미하는 여러 가지 말로 표현되어 있다. 『구약성서』에서는 "네 이웃을 네 자신처럼 사랑하라"고 말한다. 여기서는 적어도 이웃이 자기 자신만큼 중요한 정도가 될 때까지 자아도취를 극복하라고 요구한다. 『구약성서』는 여기서 더 나아가 '이방인'을 사랑하라고 요구한다("너는 이집트 땅에서는 이방인이었으므로 이방인의 영혼을 알고 있다"). 이방인은 바로 내 씨족, 내 가족, 내 민족의 일원이 아닌 사람이다. 또한 그는 내가 자아도취적으로 집착하고 있는 집단의 일원도 아니다. 그는 단지 사람일 뿐이다. 헤르만 코헨[15]이 지적한 바와 같이

이방인에게서 인간 존재를 발견하는 것이다.[13]

　이방인에 대한 사랑에서는 자아도취적 사랑은 자취를 감춘다. 이것은 이방인이 나와 같기 때문이 아니라 그가 이러이러하고 나와는 다르다는 점에서 다른 사람을 사랑하는 것이기 때문이다. 『신약성서』에서 "원수를 사랑하라"고 했을 때 이 말은 같은 사상을 더욱 날카롭게 표현하고 있다. 이방인이 당신에게 완전히 인간다워졌다면 **당신**도 참으로 인간다워진 것이므로 이미 적은 존재하지 않는다. 이방인을 사랑하고 적을 사랑하는 것은 자아도취가 극복되었을 때에만, "나는 그대다"라고 할 수 있을 때에만 가능하다.

　예언자의 가르침에서 중심 문제인 우상 숭배에 대한 싸움은 동시에 자아도취에 대항하는 싸움이다. 우상 숭배에서는 사람의 부분적 기능 하나가 절대시되고 우상화된다. 이때 사람은 소외된 형태의 자기 자신을 숭배한다. 그가 심취해 있는 우상은 그의 자아도취적 격정의 대상이 된다.

　반대로 신의 관념은 '인간이 아니라' 신만이 전지전능하다고 했기 때문에 자아도취를 부정하는 것이다. 그러나 정의할 수도 설명할 수도 없는 신이라는 개념이 우상 숭배와 자아도취

---

15) 20세기 독일의 유태인 철학자.

13〉 H. Cohen, 『Die Religion der Vernunft aus den Quellen des Judentum』.

의 부정이기는 했어도 신은 곧 다시금 우상이 되었다. 사람은 자아도취적 태도로 신과 자신을 동일시하게 되었고, 따라서 본래 신의 개념이 했던 기능과는 완전히 모순을 일으켜 종교가 집단적 자아도취를 나타내게 되었다.

인간이 완전히 성숙하려면 개인적 자아도취든 집단적 자아도취든 간에 자아도취로부터 완전히 벗어나야 한다. 심리학적 용어로 표현된 심적인 발달의 이러한 목표는 인류의 위대한 종교적·정신적 지도자들이 종교적·정신적 용어로 표현한 것과 본질적으로 같다. 그 개념들은 비록 다를지라도 여러 가지 개념과 관계되는 내용과 경험은 같은 것이다.

우리는 가장 파괴적인 군비 발달을 초래한 지적 발달과 현저한 자아도취적 상태가 아직도 그 모든 병적 징후와 함께 남아 있는 시대, 심적·정서적 발달 간의 날카로운 모순을 특징으로 하는 역사적 시대에 살고 있다. 이러한 모순으로부터 쉽사리 초래될 수 있는 재난을 피하기 위해 우리가 할 수 있는 일은 과연 무엇일까?

가까운 장래에 사람이 온갖 종교적 가르침을 받으면서도 이전에는 불가능했던 전진을 과연 하게 되는 걸까? 자아도취가 너무나 뿌리 깊기에 프로이트가 생각한 것처럼 사람은 결코 자신의 자아도취적 핵심을 극복할 수 없는 게 아닐까? 그렇다면 사람이 충분히 사람다워질 수 있는 기회를 갖기도 전에 자아도취적 광기가 사람을 파멸시키지 못하게 하리라는 희망이 남아 있는 걸까?

아무도 이 물음에 대답할 수는 없다. 우리는 오직 이러한 재난을 피하도록 사람을 도와줄 수 있는 최선의 가능성이 무엇인지를 검토할 수 있을 뿐이다.

가장 쉽다고 여겨지는 방법부터 생각해보기로 하자. 각자의 자아도취적 에너지를 감소시키지 않고도 **대상**을 바꿀 수는 있을 것이다. 만일 한 민족이나 인종, 한 정치체제가 대상이 되는 대신에 **인류**가, 곧 모든 인간 가족이 대상이 된다면 훨씬 많은 것을 얻을 수 있을 것이다. 만일 개인이 우선 자기 자신을 세계의 시민으로서 경험하고 인류와 그 성취에 대해 자부심을 느낄 수 있다면 그의 자아도취는 인류와 대립되는 요소보다는 오히려 인류를 대상으로 삼게 될 것이다. 만일 모든 나라의 교육 제도가 한 개별적 민족의 성취 대신에 인류의 성취를 강조한다면 사람으로서의 긍지를 갖기 위해 자각을 일깨우는 감동적인 상황이 조성될 것이다. 그리스 시인이 안티고네의 말을 통해 나타낸 "사람보다 더 놀라운 것은 없다"는 느낌을 모든 사람이 함께 경험할 수 있다면 분명 위대한 전진을 이룰 수 있을 것이다.

더 나아가 또 하나의 요소를 덧붙이지 않을 수 없다. 곧 모든 양성 자아도취의 특징은 성취와 관련되는 것이다. 한 집단,

한 계급, 한 종교가 아니라 모든 인류가 누구든 인류에 속한 것을 자랑스럽게 생각할 만한 일을 이루기 위해 노력하지 않으면 안 된다. 모든 인류에게 공통된 과제는 눈앞에 있다. 곧 질병과 가난에 대한 공동 대응, 현대 커뮤니케이션 수단을 통해 세계의 모든 사람들에게 지식과 예술을 보급하기 위한 공동 투쟁 등이다. 사실상 정치적·종교적 이데올로기가 아무리 다르더라도 이러한 공통 과제에서 제외될 수 있는 사람은 없을 것이다. 20세기의 위대한 업적은 인간의 불평등 또는 인간이 인간을 착취할 필요성과 합법성에는 자연적인 혹은 신성한 원인이 있다는 믿음을 다시는 회복될 수 없을 정도로 무너뜨린 것이기 때문이다.

르네상스의 휴머니즘, 부르주아 혁명, 러시아 혁명, 중국 혁명, 식민지 혁명 등과 같은 모든 일들은 인간 평등이라는 공통된 사상에 바탕을 두고 있다. 비록 이러한 혁명 가운데는 각자가 채택한 체제 안에서 인간 평등을 침범한 혁명이 있기는 해도 역사적 사실을 보면 사람은 모두 평등하며 따라서 자유롭고 존엄하다는 사상이 세계를 정복했으며, 얼마 전까지만 해도 문명의 역사를 지배하던 개념으로 인류가 되돌아간다는 것은 이제 상상도 할 수 없는 일이 되어버렸다.

양성 자아도취의 대상으로서 인류상과 그 업적은 예컨대 국제연합 같은 초국가적 조직으로 대표될 수 있다. 국제연합은 자기 나름대로 상징과 휴일, 축제를 창설할 수 있었다. 앞으로는 국경일이 아니라 '사람의 날'이 연중 최고의 휴일이 될 것이다. 그러나 많은 나라들이, 그리고 마침내 모든 나라들이 동의하고, 정치적 현실뿐만 아니라 정서적 현실에 있어서도 인류의 주권을 위해 나라의 주권을 기꺼이 감소시킬 때만이 이러한 발전이 이루어질 수 있다는 것은 분명한 사실이다. 국제 연합이 강화되고 집단 사이의 분쟁이 합리적으로 평화롭게 해결되는 것은 인류와 그 공통된 업적을 집단적 자아도취의 대상으로 삼게 될 가능성을 위해 반드시 필요한 조건이다.[14]

이와 같이 자아도취의 대상이 단일한 집단에서 모든 인류와 그 업적으로 바뀌면 앞서 지적한 바와 같이 사실상 민족적인 혹은 이데올로기적인 자아도취를 막을 수 있을 것이다. 그러나 이것만으로는 충분하지 못하다. 만일 우리가 우리의 정치적이고 종교적인 이상, 다시 말해 기독교도와 사회주의자들이 내세우는 이타적 태도와 동포애라는 이상에 충실하다면 우리의 과제는 각 개인의 자아도취 정도를 줄이는 것이다.

---

14) 이러한 시도를 위해 좀더 특수한 방법으로 나는 몇 가지를 시사하고자 한다. 역사 교과서는 '세계사' 교과서로 다시 쓰여져야 하고, 세계사 교과서에서 각국의 생활을 설명하는 부분은 세계 지도가 어느 나라에서나 똑같고 자기 나라를 확대해 그리지 않듯 사실에 충실한 왜곡되지 않은 것이어야 한다. 또한 인류와 그 업적은 여러 가지 집단에 의해 달성된 많은 단일한 진보를 마지막으로 종합한 것임을 보여줌으로써 인류 발달에 자랑스러움을 느끼게 할 만한 영화를 만드는 것도 좋을 것이다.

이렇게 되려면 몇 세대가 걸리겠지만 오늘날은 이것이 그 어느 때보다도 실현 가능한 시기이다. 우리들에게는 모든 사람이 존엄한 인간생활을 할 수 있는 물질적 조건을 만들어낼 가능성이 주어져 있기 때문이다. 기술의 발달로 말미암아 한 집단이 다른 집단을 노예화하고 착취할 필요성은 사라질 것이다. 기술의 발달 덕분에 전쟁이 합리적인 경제 활동이라는 견해는 이미 진부한 것이 되어버렸다. 사람은 처음으로 반동물적인 상태에서 벗어나 참으로 인간다운 상태에 도달할 것이고, 따라서 물질적·문화적 가난을 보상하기 위해 자아도취적 만족을 구할 필요는 없을 것이다.

이러한 새로운 조건을 바탕으로 자아도취를 극복하려는 인간의 노력은 과학적 정위와 휴머니즘적 정위로부터 많은 도움을 받을 수 있다. 이미 지적한 바와 같이 우리는 교육적 노력을 우선 기술적 정위를 가르치는 것에서부터 과학적 정위로, 다시 말해 비판적 사고, 객관성, 현실 직시, 생각할 수 있는 모든 집단에 결코 명령이 아니면서도 타당한 진리의 개념을 촉진하는 방향으로 바꾸어야 한다. 만일 문명국들이 젊은이들의 기본적 태도로서 과학적 정위를 조성할 수 있다면 자아도취와의 싸움에서 훨씬 많은 성과를 거두게 될 것이다.

같은 방향으로 이끌어가는 두 번째 요인은 휴머니즘적 철학과 인간학을 가르치는 것이다. 우리는 모든 종교와 철학의 차이가 사라지리라 기대할 수는 없다. 또한 그렇게 되기를 기대해서도 안 된다. **정통**을 주장하는 하나의 체계를 수립하는 것은 자아도취적 퇴행의 또 한 가지 원천이 될 수도 있기 때문이다. 그러나 현존하는 모든 차이를 용인한다 하더라도 공통된 휴머니즘적 신조와 경험은 있는 것이다. 공통된 신조는 각 개인은 자기 자신 속에 모든 인간성을 간직하고 있으며 '인간의 조건'은 지성, 재능, 키 및 피부색에 불가피한 차이가 있다고는 해도 똑같다는 것이다.

이러한 휴머니즘적 경험은 인간다운 것으로, 자기 자신에게 이질적인 것은 하나도 없고 '나는 곧 당신'이며 사람은 인간 존재의 같은 요소를 나누어 갖고 있기 때문에 나른 사람을 이해할 수 있다는 감정이다. 이러한 휴머니즘적 경험은 우리가 우리의 각성 영역을 확대할 때에만 비로소 전적으로 가능하다. 우리들의 각성은 보통 우리가 소속된 사회가 우리에게 알려주는 것에 한정된다. 이러한 조건에 알맞지 않은 사람의 경험은 억압된다. 그러므로 우리의 의식은 주로 우리들 자신의 사회와 문화를 나타내지만, 우리들 무의식은 각 개인에 내재하는 보편적 인간을 나타낸다.[15]

---

15) E. Fromm, 『Zen Buddhism and Psychoanalysis』와 『Beyond the Chains of Illusion』 참조.

자각을 확대하고 의식을 넘어서서 사회적 무의식의 영역을 해명하면 사람은 자기 자신에게서 모든 인간성을 경험할 수 있을 것이다. 그는 자신이 죄인이고 성인이며, 어린애고 어른이며, 정상적인 사람이고 광인이며, 과거의 사람이고 미래의 사람이라는 사실, 자기 자신 속에 인류가 지금까지 가져왔고 앞으로 갖게 될 모든 인간성을 간직하고 있다는 사실을 경험하게 될 것이다.

나는 이른바 휴머니즘을 대표한다고 주장하는 모든 종교적·정치적·철학적 체계가 시도하는 휴머니즘적 전통의 참된 부흥은 오늘날 존재하는 가장 중요한 '뉴 프런티어'(완전히 사람다워지는 사람의 발달)를 향해 상당한 진전을 보게 되리라 믿는다.

이러한 사상을 제시하면서 나는 르네상스 시대의 휴머니스트들이 믿었던 것처럼 **오직** 가르침만이 휴머니즘 실현의 결정적 수단이 될 수 있다고 말하려는 것은 아니다. 이러한 가르침은 사회적·경제적·정치적 조건에 본질적 변화가 일어날 때만 효과를 거둘 수 있을 것이다.

다시 말해 관료주의적 산업주의가 휴머니즘적 사회주의적 산업주의로, 중앙집권이 지방분권으로, 조직적 인간이 책임감을 갖고 참여하는 시민으로, 국가 주권에 대한 복종이 인류 주권과 인류가 선택한 기관에 복종하는 것으로 바뀌고, '가지지 못한 나라'와 협력하여 '가진' 나라들이 공동 노력으로 '가지지 못한' 나라에 경제 제도를 확립해주며, 전면적으로 무장 해제를 하고, 현존하는 자원을 건설적인 과업에 이용할 수 있을 때 비로소 효과를 거둘 수 있을 것이다.

전면적인 무장 해제는 다른 이유에서도 필요하다. 인류의 한 부분이 다른 진영에 의한 전면적 파괴를 두려워하며 살아가고 나머지 부분은 두 진영에 의한 파괴를 두려워하며 살아간다면 사실상 집단적 자아도취는 감소될 수 없을 것이기 때문이다. 사람은 자신과 자기 자손들이 살아서 다음해를 맞이하고 더 나아가 더 많은 해를 맞이하게 될 풍토 속에서만 사람다울 수 있는 것이다.

5

근친상간적 유대

앞에 나오는 장들에서 나는 극단적인 형태에 있어서는 투쟁과 파괴와 죽음을 위해 삶과 성장을 저해하는 두 가지 정위, 즉 죽음에 대한 사랑과 자아도취를 다루었다. 이 장에서는 세 번째 정위인 근친상간적 공생을 다루려고 한다. 근친상간적 공생은 그 악성 형태에 있어서는 앞서 검토한 두 정위와 같은 결과를 초래한다.

여기서도 나는 프로이트 이론의 중심 개념, 곧 어머니에 대한 근친상간적 고착이라는 개념으로부터 시작하려고 한다. 프로이트는 이 개념을 그의 과학적 세계의 초석 가운데 하나라고 믿었으며, 나 또한 어머니에 대한 고착이라는 그의 발견은 사람에 대한 과학에 있어서 참으로 원대한 발견 중 하나라고 믿는다. 그러나 앞서 검토한 영역의 경우와 마찬가지로 이 영역에서도 프로이트는 그의 발견을 억지로 리비도 이론을 통해 해석함으로써 그의 발견과 그 결과를 한정된 범위로 국한시켰다.

프로이트가 관찰한 것은 어머니에 대한 어린애의 애착, 곧 보통 사람에 의해서는 완전히 극복되는 경우가 거의 없는 애착에 고유하게 내재된 특별한 에너지였다. 프로이트는 그 결과 여성과 관계하는 남성의 능력이 손상된다는 것, 다시 말해 그의 독립성이 약화되고, 그의 의식적인 목표와 억압된 근친상간적 애착 사이에서 발생하는 갈등은 여러 가지 신경증적 갈등과 징후를 일으킨다는 것을 알아냈다.

프로이트는 어머니에 대한 애착과 그 배후에 있는 힘은 어린 소년의 경우 어머니를 성적으로 욕망하게 하고 아버지를 성적 경쟁자로서 미워하게 하는 성기적 리비도의 힘이라고 믿었다. 그러나 경쟁자의 힘이 더 크기 때문에 어린 소년은 자신의 근친상간적 욕망을 억압하고 아버지의 명령과 금지를 받아들인다. 하지만 무의식적으로 그의 억압된 근친상간적 소망은, 비록 좀더 병적인 경우에만 강렬하기는 해도 오랫동안 남아 있게 된다.

프로이트는 1931년 어린 소녀에 대해, 그때까지는 소녀에게 있어 어머니에 대한 애착이 지속되는 기간을 과소평가해왔다고 자인했다.

"때로는 소녀의 어머니에 대한 애착은 초기와 성적 개화기의 훨씬 긴 기간에 포함되어 있다. (……) 이러한 사실은 여성의 전前 오이디푸스기가 지금까지 생각해왔던 것보다 훨씬 더 중요하다는 것을 보여준다."

프로이트는 계속해서 말한다.

"우리는 오이디푸스 콤플렉스가 신경증의 핵심이라고 한 보편적인 통념을 철회하지 않을 수 없을 것 같다."

그러나 그는 이러한 수정을 받아들이기를 꺼리는 사람이 있다면 받아들이지 않아도 된다고 덧붙인다. 우리는 "오이디푸스 콤플렉스의 내용을 모든 어린애의 어버이에 대한 관계를 포함하도록 확대"하거나 또는 "여성은 네거티브 콤플렉스 negative complex가 지배적인 제1기에 도달한 다음에야 비로소 정상적인 오이디푸스 상태에 도달한다"고 말할 수도 있기 때문이다. 그리고 프로이트는 "어린 소녀의 발달에서 이러한 전 오이디푸스기를 찾아낸 것은 그리스 문명의 배후에서 미노스-미케네 문명을 발견한 것이 다른 분야에 미친 영향과 비교할 수 있을 정도로 놀라운 일"[1]이라고 결론을 내린다.

앞의 마지막 문장에서 프로이트는 분명하다기보다는 오히려 함축적으로, 어머니에 대한 애착은 발달 초기에는 양성兩性에 공통되며 그것은 전前 헬레니즘 문화의 모가장母家長 제도의 특징과 비교할 수 있음을 인정했다. 우선 그는 약간 역설적이기는 하지만 어머니에게 오이디푸스적으로 애착하는 시기,

---

1) G. Freud, 『논문집』 참조.

곧 이른바 전 오이디푸스기는 남성의 경우보다 여성의 경우에 훨씬 더 중요하다고 결론지었다.[2]

둘째로 그는 어린 소녀의 이러한 전 오이디푸스기를 리비도 이론의 관점에서만 이해한다. 그가 많은 여성들이 어머니의 젖을 충분히 먹지 못했다고 불평하는 것을 듣고 "만일 원시 종족의 경우처럼 오랫동안 젖을 먹을 수 있었던 어린애들을 분석했다면 우리는 같은 불평을 들을 수는 없었을 것"이라고 의심하게 됐다고 했을 때 그는 리비도 이론을 거의 넘어서는 것 같았다. 그러나 그의 대답은 "어린아이의 리비도 탐욕은 이렇게 크다"[3][4]는 것으로 끝이 난다.

소년과 소녀의 어머니에 대한 이러한 전 오이디푸스적 애착(이는 소년의 어머니에 대한 오이디푸스적 애착과는 질적으로 다른 것이다)은 내 경험으로 볼 때 훨씬 더 중요한 현상이며, 이것과 비교하면 어린 소년의 성기적인 근친상간적 욕망은 이차적인 것에 지나지 않는다. 소년과 소녀의 어머니에 대한 전 오이디푸스적 애착은 발달 과정에 있어서 중심적인 현상 가운데 하나며, 신경증이나 정신병의 중요한 원인 가운데 하나

---

2) 앞의 책.

3) 앞의 책.

4) 오이디푸스 콤플렉스가 유아기의 두 번째 해부터 시작된다는 멜라니 클라인의 이론에 프로이트는 분명히 반대한다(앞의 책 참조).

이기도 하다는 것을 나는 알고 있다. 이러한 현상이 리비도가 나타나는 것이라기보다는 오히려, 리비도라는 말을 쓰든 쓰지 않든 간에 소년의 성기적 욕망과는 전혀 다른 것이라고 그 성격을 설명하고 싶다.

전前 성기적 의미에서의 근친상간적 충동은 남성이나 여성의 가장 기본적인 격정 가운데 하나며, 여기엔 사람의 보호받기 바라는 욕망, 자아도취 충족, 책임이나 자유나 각성이라는 모험으로부터 해방되려는 갈망, 무조건적 사랑에 대한 열망(이것은 인간의 애정적 반응에 예외없이 나타난다) 등이 포함되어 있다.

이러한 욕구는 정상적으로는 갓난아이에게 있고 어머니가 이러한 욕구를 충족시켜주는 사람이라는 것은 사실이다. 만일 그렇지 않다면 갓난아이는 살 수 없을 것이다. 갓난아이는 무력하고 자신의 힘에 의지할 수 없으므로 자신의 힘으로는 구할 수 없는 사랑과 보호를 욕구하게 된다. 이러한 기능을 어머니가 수행하지 못하면 어머니의 기능을 대신할 수 있는 H. S. 설리번의 이른바 '어머니와 같은 사람'이 수행한다. 이런 사람은 보통 할머니나 아주머니인 경우가 많다.

그러나 갓난아이가 어머니 같은 사람을 욕구한다는 더욱 명백한 사실로 말미암아 갓난아이만이 무력하고 확실성을 갈망하는 것이 아니라 어른도 여러 가지 점에서 마찬가지로 무력하다는 사실이 감추어진다. 사실상 어른은 일을 할 수 있고 사회가 부여한 역할을 수행할 수 있지만 어른도 갓난아이 이상으로 삶의 위험과 모험을 알고 있다. 어른은 자신이 통제할 수 없는 자연적이고 사회적인 힘, 예측할 수 없는 우발적 사고, 그리고 불가피한 병과 죽음을 알고 있다. 이러한 환경에서 사람이 확실성과 보호와 사랑을 주는 힘을 미친 듯이 갈망하는 것보다 더 자연스러운 일이 있을까?

이러한 욕망은 단순히 어머니에 대한 열망의 '되풀이'는 아니다. 그것은 비록 차원은 다를지라도 갓난아이로 하여금 어머니의 사랑을 갈망하게 하는 것과 똑같은 조건이 계속 존재하기 때문에 생기는 것이다. 만일 남성이건 여성이건 간에 사람이 나머지 생애를 통해 '어머니'를 찾아낼 수 있다면 그 삶은 모험과 비극으로부터 해방될 수 있을 것이다. 사람이 이러한 **신기루**를 가차없이 찾아 헤맬 수밖에 없다는 사실에 우리는 놀라야만 하는 걸까?

그러나 우리는 사람이 잃어버린 낙원을 다시 찾을 수 없다는 점도 분명히 알고 있다. 다시 말해 사람은 불확실하게 모험적으로 살도록 되어 있고, 오직 자신의 힘에 의존할 수 있을 뿐이며, 완전히 자신의 힘을 발달시킬 때에만 약간의 힘과 용기를 가질 수 있다는 것을 알고 있는 것이다. 따라서 사람은 태어나는 순간부터 두 경향, 곧 하나는 빛 속으로 나아가려는 경향과 또 하나는 자궁 속으로 퇴행하려는 경향, 하나는 모험을 하려는 경향과 또 하나는 확실성을 구하는 경향, 하나는 독립된 모험을 감행하려는 경향과 또 하나는 보호와 의존을 구하는 경향 사이에서 갈팡질팡하고 있다.

발생론적으로 본다면 어머니는 확실성을 보호하고 보증하는 힘이 최초로 구현된 사람이다. 그러나 어머니는 그 유일한 구현자는 결코 아니다. 이후 어린애가 자라남에 따라 한 사람으로서의 어머니는 혈족인 가족에 의해 혹은 같은 피를 나누어 가지고 같은 땅에서 태어난 모든 사람들에 의해 대체되거나 보충되는 경우가 많다. 또한 그 집단의 규모가 점차 커짐에 따라 인종과 민족, 종파와 정당이 보호와 사랑을 보증해주는 ‘어머니들’이 된다. 더욱 원초적인 정위를 가진 사람들의 경우에는 자연 자체, 즉 대지와 바다가 ‘어머니’의 위대한 대표자가 된다.

어머니의 기능이 실제 어머니로부터 가족, 씨족, 민족, 인종으로 옮겨가는 것은 개인적 자아도취로부터 집단적 자아도취로 옮겨가는 것에 대해 이미 말한 바와 똑같은 이점들을 갖는다. 첫째, 대체로 어머니는 자식보다 먼저 죽게 마련이므로 불멸의 어머니 상像을 요구하게 된다. 게다가 한 인간으로서의 어머니에게만 충실하다 보면 외롭게 되고 다른 어머니를 가진 다른 사람들로부터 고립된다. 그러나 씨족 전체, 민족, 인종, 종교, 또는 신 등이 공통된 '어머니'가 될 수 있다면 어머니 숭배는 개인을 초월하고, 그로 하여금 같은 어머니 우상을 숭배하는 모든 사람들과 결합하게 한다.

따라서 누구든 자기 어머니를 우상화하고 그것에 대해 당황할 필요가 없다. 집단에 공통된 '어머니'를 찬미하게 되면 모든 사람들의 마음이 결합되고 온갖 질투가 제거된다. 숱한 '위대한 어머니'에 대한 숭배, 성모 마리아 숭배, 민족주의와 애국주의 숭배. 이러한 모든 것은 이와 같은 숭배가 얼마나 강렬한가를 입증한다. 경험적으로는 어머니에게 강하게 고착된 사람들과 민족 또는 인종, 토지 또는 혈연과 각별하게 결합된 사람들 사이에 밀접한 상호 관계가 있다는 사실이 쉽게 증명될 수 있다.[5]

여기서 어머니와의 결합에서 성적 요인이 맡고 있는 역할에 대해 한마디 해둘 필요가 있다. 프로이트의 경우에는 어린 소년이 어머니에게 매혹될 때 성적 요인이 결정적인 요소였다. 프로이트는 소년이 어머니에게 집착한다는 사실과 소년에게는 어릴 적부터 싱기적 충동이 있있다는 두 가지 사실을 결합시킴으로써 이와 같은 결론에 도달했다. 프로이트는 첫 번째 사실

---

5) 이 점과 관련해 주목할 만한 흥미로운 사실은 시칠리아의 마피아는, 여자는 제외되며(따라서 여성을 해치는 일은 결코 없다) 남자들만이 굳게 뭉친 비밀 결사인데도 그 단원들이 '마마'라고 부른다는 것이다.

을 두 번째 사실에 의해 설명했다.

대체로 어린 소년은 어머니에 대해 성적 욕망을 갖고 어린 소녀는 아버지에 대해 성적 욕망을 갖는다는 데는 의심의 여지가 없다. 그러나 어버이의 유혹이 미친 영향이 이러한 근친상간적 충동의 매우 중요한 원인이 된다는 사실은 제쳐놓더라도 (이 사실은 프로이트가 처음으로 알아냈으나 그 후 부정했으며 페렌치가 다시 거론함), 성적 충동은 어머니에 대한 고착의 원인이 아니라 **결과**다. 게다가 어른의 꿈에서 볼 수 있는 근친상간적인 성적 욕망은 흔히 더욱 심각한 퇴행에 대한 방어임을 확인할 수 있다. 다시 말해 자신이 남성임을 주장함으로써 남자는 어머니의 가슴이나 자궁으로 되돌아가려는 자기 자신의 욕망에 대항하는 것이다.

같은 문제의 또다른 측면은 딸의 어머니에 대한 근친상간적 고착이다. 소년의 경우 여기서 사용된 넓은 뜻에서의 '어머니'에 대한 고착은 이러한 관계에 어떠한 성적 요소가 들어가든 그것과 일치하지만 소녀의 경우에는 그렇지 않다. 소녀는 성적으로는 아버지에게 끌리면서 우리가 말하는 뜻에서의 근친상간적 고착은 어머니에게 돌릴 것이다. 이러한 분열을 보면 어머니에 대한 가장 깊은 근친상간적 결합이라 해도 어떠한 성적 자극의 자취도 없이 존재할 수 있다는 것이 더욱 분명해진다. 임상을 통해 남성의 경우와 마찬가지로 어머니에게 강렬한 근친상간적 유대를 가진 여성의 예를 많이 경험할 수 있다.

어머니에 대한 근친상간적 유대는 어머니의 사랑과 보호를 갈망할 뿐 아니라 어머니를 두려워한다는 것을 뜻하는 경우도 대단히 많다. 이러한 두려움은 그 사람 나름대로의 힘과 독립에 대한 의식을 약화시키는 의존성의 결과이다. 또한 그것은 우리가 심각한 퇴행의 경우에 보게 되는 경향, 곧 젖을 빨려고 하거나 어머니의 자궁 속으로 되돌아가려고 하는 경향에 대한 두려움일 수도 있다. 이러한 소망은 곧바로 어머니를 위험한 식인종 또는 모든 것을 파괴하는 괴물로 바꿔놓는다. 그러나 여기에 덧붙이지 않을 수 없는 것은 이러한 두려움이 아무리 자주 일어난다고 해도 그것은 본래 그 사람의 퇴행적 환상의 결과가 아니라 어머니가 사실상 식인종이나 흡혈귀와 같은 사람 또는 죽음을 사랑하는 사람이라는 사실 때문에 일어난다는 점이다.

만일 이러한 어머니를 가진 아들이나 딸이 어머니와의 유대를 끊어버리지 못한 채 자라난다면 그 아들이나 딸은 어머니에게 먹혀버리지 않을까, 또는 어머니에 의해 파멸되지 않을까 하는 강렬한 두려움에서 벗어날 수가 없다. 이럴 경우 정신이상으로 의심되는 상태에까지 몰고 갈 수도 있는 두려움을 치료하는 유일한 방법은 어머니와의 유대를 끊어버리는 능력에서 찾을 수 있다. 그러나 이러한 관계에서 생기는 두려움은 동시에 탯줄을 끊어버리는 것이 왜 어려운가를 보여주는 이유이기도 하다. 어떤 사람이 이와 같은 의존 상태에 머물러 있는 한 그 자신의 독립성, 자유, 그리고 책임감은 약화된다.[6]

지금까지 나는 어머니에 대한 비합리적인 의존과 두려움의 성격을 성적 유대(프로이트는 이를 근친상간적 충동의 핵심이라고 봄)와 구별하여 개괄적으로 설명하려 했다. 그러나 우리가 지금까지 검토해온 다른 현상들의 경우와 마찬가지로 이 문제에도 또 하나의 측면이 있다. 다시 말해 근친상간적 콤플렉스 속에 있는 **퇴행의 정도**라는 문제다. 여기서도 우리는 '어머니 고착'의 매우 양성 형태, 곧 지극히 양성이어서 거의 병적인 것이라 부를 수 없는 형태와 내가 '근친상간적 공생'이라 명명한 근친상간적 고착이라는 악성 형태를 구별할 수 있다.

양성 단계에서 흔히 볼 수 있는 어머니 고착의 형태가 있다. 이런 사람들에게는 자기를 위해주고 사랑해주고 칭찬해줄 여자가 필요하다. 그들은 어머니처럼 돌봐주고, 먹여주고, 보호해줄 여자를 바란다. 그들은 이러한 사랑을 얻지 못하게 되

---

6) 몇 가지 중요한 점에서 나의 견해는 융의 견해와 비슷하다. 융은 근친상간적 콤플렉스를 처음으로 한정된 성적 한계로부터 해방시켰다. 본질적인 많은 점에서는 나는 융과 견해를 달리하고 있지만 이 작은 책에서 이러한 차이를 속속들이 다룬다면 지나치게 부담스러울 것이다.

면 약간은 불안해지고 의기소침해진다.

이러한 어머니 고착이 그다지 강렬하지 않을 때에는 그 남성의 성 또는 애정의 잠재력이나 독립성과 성실성이 손상되지 않는다. 대부분의 남성들에게는 이러한 고착의 요소와 여성에게서 어머니다운 면을 발견하려는 욕망이 남아 있다고 생각할 수 있을 것이다. 그러나 이러한 유대가 강렬하다면 우리는 대체로 성적 또는 정서적인 성격에서 어떤 갈등과 징후를 발견하게 된다.

근친상간적 고착의 두 번째 단계가 있는데 이것은 훨씬 심각하고 신경증적인 것이다(여기서는 단계를 구별해서 말하고 있지만 간략한 설명을 위해 편리한 설명 형태를 선택한 것에 불과하다. 사실은 세 가지로 구별되는 단계가 있는 것은 아니다. 근친상간적 고착의 가장 무해한 형태와 가장 해로운 형태는 연속되어 있다. 여기서 내가 설명하려는 단계는 이러한 연속성에 있어 전형적인 상태들이다. 이 문제를 좀더 자세하게 검토한다면 각 단계는 적어도 몇 개의 '하위 단계'로 구분될 수 있을 것이다).

어머니 고착의 이 두 번째 단계에서는 남성이 자신의 독립성을 발달시키지 못한다. 이러한 단계의 별로 심하지 않은 형태를 보면 언제나 돌봐주면서 요구는 거의 하지 않거나 전혀 하지 않는 어머니 같은 인물, 다시 말해 무조건적으로 의

지할 수 있는 사람이 언제나 옆에 있어야 하는 고착이다.

이 단계가 더욱 심하게 나타난 것으로 예컨대 어머니와 꼭 닮은 여자를 아내로 고르는 남자를 보게 된다. 그는 스스로를 아내이자 어머니인 여성에게 이바지하지 않는 일은 절대 할 수 없는 죄수로 생각하고 아내가 노하지나 않을까 끊임없이 걱정한다. 아마도 그는 무의식적으로는 반항하겠지만 그 다음부터 죄책감을 느끼고 더욱 온순하게 복종할 것이다. 그의 반항은 간통, 침울한 기분, 발작적인 분노, 정신 신체 질환, 전신의 조직 장애로 나타날 것이다. 이러한 남성은 자신이 정말 남자인지를 심각하게 의심하고 때로는 성적 불능이나 동성애 같은 성적 착란증을 일으키기도 할 것이다.

불안과 반항이 지배하는 이러한 경우와는 달리 어머니 고착이 유혹적인 남성의 자아도취적 태도와 혼합되는 또 하나의 형태가 있다. 이러한 남성들은 흔히 어릴 적에 어머니가 아버지보다 자기를 더 좋아하며 자신은 어머니의 찬양을 받고 있지만 아버지는 경멸당하고 있다고 느꼈던 사람들이다. 그들은 자신이 아버지보다 더 훌륭하다거나 다른 모든 사람들보다 더 훌륭하다고 느끼게 하는 강력한 자아도취를 발달시킨다.

이러한 자아도취로 말미암아 그들은 자신의 위대함을 증명하기 위해서 해야 할 일은 거의 없거나 또는 전혀 없다고 생각하게 된다. 그들의 위대함은 어머니와의 유대 위에 구축되어 있는 것이다. 따라서 이런 사람들의 경우 자기 자신을 가치 있다고 생각하게 하는 모든 의식은 그들을 무조건 한없이 찬양하는 여성과의 관계에 달려 있다. 그들은 자신들이 선택한 여성의 찬양을 받지 못하는 것을 가장 두려워한다. 이 여성의 찬양을 받지 못하면 그들의 자아도취적 자기 평가의 기반이 위협당할 것이기 때문이다. 그러나 그들이 여성을 두려워하기는 해도 이 경우 그 두려움이 앞의 경우보다 분명하지는 않다. 그들의 여성상은 따뜻하고 남성답다는 자신의 자아도취적이고 유혹적 태도의 지배를 받고 있기 때문이다.

그러나 이 경우에도 강렬한 어머니 고착의 다른 모든 경우와 마찬가지로 어머니 같은 인물 이외의 다른 사람에게 (그가 남성이건 여성이건 간에) 사랑이나 관심이나 충성을 느끼는 것은 죄다. 어머니는 배타적인 충성을 요구하기 때문에 일을 비롯해 어떤 다른 사람이나 다른 일에도 **관심**을 가져서는 안 된다. 흔히 이런 남성들은 어떤 일에 가장 해롭지 않은 관심을 갖는 경우에도 양심의 가책을 느끼거나 어떤 사람에게도 충실할 수 없는 '배반자' 형이 된다. 그들이 어머니를 거역할 수는 없기 때문이다.

다음에 말하는 것은 어머니 고착의 경우에 특징적으로 나타나는 몇 가지 꿈이다.

1) 남자가 혼자 바닷가에 있는 꿈을 꾼다. 나이 많은 여자가 다가와서 웃는다. 그녀는 자기 가슴을 가리키며 젖을 먹어도 좋다고 말한다.

2) 남자가 힘이 센 여자에게 붙잡혀 깊은 골짜기로 끌려간 후 여자가 자신을 떨어뜨려 죽이는 꿈을 꾼다.

3) 여자가 남자를 만나고 있는 꿈을 꾼다. 그 순간 마녀가 나타나는 바람에 꿈을 꾸던 사람은 몹시 놀란다. 남자가 총을 들어 마녀를 죽인다. 여자(꿈꾸는 사람)는 발각되는 것이 두려워 달아나면서 남자에게 따라오라고 손짓한다.

이러한 꿈은 거의가 설명을 할 필요가 없다. 첫 번째 꿈의 경우 주된 소망은 어머니의 젖을 먹고 싶다는 것이다. 두 번째 꿈의 경우 강력한 어머니에 의해 파멸당하는 것을 두려워하는 것이다. 세 번째 꿈의 경우 여자가 꾼 꿈은 만일 그녀가 남자와 사랑에 빠지면 어머니(마녀)가 그녀를 파멸시킬 것이고 따라서 어머니가 죽어야만 그녀가 해방될 수 있다는 것이다.

그렇다면 아버지에 대한 고착은 어떨까? 이러한 고착이 남성에게도 여성에게도 존재한다는 데는 의심의 여지가 없다. 여성의 경우 때때로 성적 욕망이 섞여 있다. 그렇지만 아버지에 대한 고착은 어머니와 가족, 혈연, 대지에 대한 고착만큼 심각한 경우는 결코 없다. 물론 어떤 특수한 경우에는 아버지 자신이 어머니 같은 인물이 되는 수도 있지만 정상적으로는 아버지의 기능은 어머니의 기능과 다르다.

갓난아이 때에 젖을 먹여주고, 어머니 고착적인 사람에게 영원한 욕망 가운데 한 부분이 보호받고 있다는 느낌을 주는 것은 어머니다. 갓난아이의 생명은 어머니에게 달려 있다. 그러므로 어머니는 생명을 줄 수도 생명을 빼앗을 수도 있다. 어머니 같은 인물은 생명을 주는 자인 동시에 생명을 파괴하는 자이고, 사랑받는 자인 동시에 두려움의 대상이 되는 자이다.[7]

한편 아버지의 기능은 다르다. 아버지는 사람이 만든 법과 질서, 사회적 규칙과 의무를 대표하고, 벌을 주고 상을 주는 자이다. 그의 사랑엔 조건이 붙어 있어서 요구하는 바를 할 때에만 얻을 수 있다. 이러한 이유로 말미암아 아버지와 결합된 사람은 아버지의 뜻을 따름으로써 쉽게 아버지의 사랑을 얻으리라는 희망을 가질 수 있지만 완전하고 무조건적인 사랑이라는 행복감, 확실성과 보호는 아버지와 결합된 사람의 경험에서는 거의 찾아볼 수 없다.[8] 또한 아버지 중심적인 사람에게서는 어머니 고착과 관련하여 설명하려고 하는 심각한 퇴행을 보게 되는 경우가 드물다.

---

7) 신화에서는 인도 여신 칼리가 이중 역할을 하고, 꿈에서는 어머니가 호랑이, 사자, 마녀 또는 어린애를 잡아먹는 마술사로 상징된다는 점을 참조하기 바란다.

어머니 고착의 가장 심각한 단계는 '근친상간적 공생' 단계다. '공생'은 무엇을 뜻하는가? 정도가 다른 여러 가지 공생이 있지만 모든 공생은 한 가지 공통 요소를 갖고 있다. 곧 공생적으로 달라붙어 있는 사람은 그가 달라붙어 있는 '숙주' 같은 사람의 한 부분이고 그 사람과 한덩어리다. 그는 이 사람 없이는 살 수 없으며 만일 이러한 관계가 위협받으면 몹시 불안해지고 두려워진다(정신분열증에 가까운 환자의 경우 이러한 분리로 말미암아 급격한 정신분열적 좌절이 일어나기도 한다).

그가 이 사람 없이는 살 수 없다고 말하는 것은, 그가 반드시 숙주 같은 사람과 언제나 육체적으로 같이 있어야 한다는 뜻은 아니다. 숙주를 자주 만나지 못하거나 또는 숙주가 죽은 사람인 경우도 있다(이 경우 이러한 공생은 어떤 문화에서는 '조상 숭배'로 제도화된 형태를 취하기도 한다). 그 결합은 본질적으로는 감정적이고 환상적인 결합이다. 공생적으로 결합되어 있는 사람의 경우 자기 자신과 숙주 같은 사람을 명백히

---

8) 나는 잠시 어머니 중심적인 문화와 종교, 아버지 중심적인 문화와 종교 사이의 구조적 차이점을 말해두고 싶다. 남유럽 및 라틴 아메리카 가톨릭 국가들과 북유럽 및 북아메리카 프로테스탄트 국가들은 그 좋은 예다. 그 심리학적 차이는 막스 베버의 『프로테스탄트의 윤리와 자본주의의 정신』 및 나의 『자유로부터의 도피』에서 다루고 있다.

구별하는 것은 불가능하지는 않더라도 매우 어려운 일이다. 그는 상대방과 일체가 되고 그녀의 한 부분으로서 그녀와 섞여 있다고 느낀다.

공생의 형태가 더욱 극단적인 것이 될수록 두 사람이 분리되어 있음을 명백하게 깨닫는 것은 더욱 불가능해진다. 중증일 경우, 공생적으로 결합되어 있는 사람이 그의 숙주에게 '의존'하고 있다고 하는 것이 왜 잘못인지를 이러한 분리감의 결여를 통해 설명할 수 있다. '의존 관계'는 두 사람의 명확한 구별을 전제로 하고 있으며 그 가운데 한 사람이 다른 사람에게 의존하고 있는 것이다.

공생적 관계의 경우 공생적으로 결합되어 있는 사람은 때로는 숙주 같은 사람보다 우월하다고 느끼고 때로는 열등하거나 동등하다고 느끼지만 그들은 언제나 분리될 수는 없다. 사실상 이러한 공생적 결합은 어머니와 태아의 결합을 지적함으로써 예증될 수 있다. 태아와 어머니는 둘이지만 그러면서도 그들은 하나다.[9]

관련된 두 사람이 서로 공생적으로 결합되어 있는 경우도 사실상 드물지 않다. 이러한 경우 **두 사람의 우행**이 있게 되는

---

9) M. A. Lechehaye, 『Symbolic Realization』 참조. 심한 착란 상태에 있는 환자의 공생적 고착을 설명한 뛰어난 책이다.

데, 두 사람의 공존 조직이 그들의 현실을 구성하므로 그들은 자신들의 우행을 알지 못하는 것이다.

극단적으로 퇴행적인 공생 형태에 있어서 무의식적인 욕망은 사실상 자궁으로 되돌아가려는 욕망이다. 흔히 이러한 소망은 바다에 빠져 죽고 싶다는 소망(또는 두려움)이나 대지가 삼켜버릴지도 모른다는 두려움 등 상징적인 형태로 표현된다. 이것은 자신의 개별성을 완전히 잃고 다시금 자연과 일체가 되려고 하는 욕망이다. 그 결과 이처럼 심각한 퇴행적 욕망은 살려는 소망과 갈등을 일으키게 된다. 자궁 속에 있다는 것은 삶으로부터 떠나 있는 것이다.

내가 지금까지 말하려고 한 것은 어머니에 대한 유대, 즉 어머니의 사랑을 바라고 어머니의 파괴성을 두려워하는 것은 프로이트가 말하는 '오이디푸스적 유대'(프로이트는 오이디푸스적 유대가 성적 욕망에 바탕을 두고 있다고 생각함)보다 훨씬 강렬하고 훨씬 근원적이라는 사실이다. 그러나 여전히 우리들의 의식적인 지각과 무의식적인 현실이 일치하지 않는다는 문제가 남게 된다.

만일 어떤 사람이 어머니에 대한 성적 욕망을 기억하거나 상상한다면 걷잡을 수 없는 저항에 부딪치게 된다. 하지만 그는 성적 욕망의 성질을 알고 있으므로 그의 의식이 알려고 하지 않는 것은 단지 그의 욕망의 **대상**에 지나지 않는다. 이것은 우리가 여기서 검토하고 있는 공생적 고착, 곧 갓난아이처럼 사랑받고 싶다거나 독립성을 온통 잃어버리고 싶다거나 다시 젖을 먹고 싶다거나 심지어 어머니 자궁 속에 있고 싶다거나 하는 소망과는 전혀 다른 것이다. 이러한 모든 소망은 '사랑' 이나 '의존' 이나 심지어 '성적 고착' 이라는 말로는 충분히 설명될 수 없는 욕망이다.

이러한 모든 말은 그 배후에 있는 경험의 힘과 비교하면 보잘것없다. '어머니에 대한 두려움' 에 대해서도 같은 말을 할 수 있다. 우리는 누구나 어떤 사람을 두려워한다는 것이 무엇을 뜻하는가를 알고 있다. 그는 우리를 꾸짖을 수도 있고 모욕할 수도 있고 처벌할 수도 있다. 우리는 다소 용기를 내어 이러한 경험을 겪어왔고 여기에 직면해왔다. 그러나 사자가 기다리고 있는 우리 속으로 밀어넣거나 뱀이 득실거리는 구멍 속으로 떨어뜨린다면 우리가 어떤 느낌을 가지게 될지 상상할 수 있을까? 무서우리만큼 무능하다는 선고를 받는다면 그때 엄습하게 될 공포를 우리는 표현할 수 있을까? 그런데 어머니에 대한 '두려움' 을 구성하고 있는 것은 바로 이러한 경험인 것이다.

우리가 여기서 사용하는 말들로 무의식적 경험까지 표현하기는 매우 어려우며 그렇기 때문에 사람들은 흔히 자신이 무슨 말을 하고 있는지도 모르면서 의존하고 있다든가 두려워하고 있다는 말을 한다.

진정한 경험을 기술하기에 적합한 언어는 꿈속의 언어나 신화와 종교에서 볼 수 있는 상징이다. 바다에 빠지는 꿈(두려움과 행복감이 뒤섞인 감정이 따르는) 또는 막 나를 잡아먹으려는 사자를 피해 달아나는 꿈을 꾼다면 사실상 나는 내가 실제로 경험한 바와 일치하는 언어로 꿈을 꾸는 것이다. 물론 우리가 일상생활에서 쓰는 언어는 우리가 알고자 하는 경험과 부합한다. 만일 우리가 내면적 현실에 침투하고자 한다면 우리는 습관적인 언어는 잊고 상징주의의 잊혀진 언어로 생각하려 해야 한다.

근친상간적 고착의 병리는 분명 퇴행의 차원에 따라 달라진다. 가장 양성인 경우에는 아마도 약간 지나친 듯 보이는 의존성과 여성에 대한 공포를 제외하고는 거의 어떠한 병리도 말할 수 없을 것이다. 퇴행의 차원이 깊으면 깊을수록 의존과 공포도 더욱 강렬해진다. 가장 원초적인 차원에서는 의존과 두려움이 건전한 삶과 갈등을 일으키는 정도에 이르기도 한다. 역시 퇴행의 깊이에 따라 달라지는 또다른 병리적 요소들도 있다. 근친상간적인 정위는 자아도취와 마찬가지로 이성 및 객관성과 갈등을 일으킨다.

내가 탯줄을 끊어버리지 못하면, 내가 확실성과 보호라는 우상 숭배를 고집하면 우상은 신성한 것이 된다. 이 우상은 비

판받아서는 안 된다. 만일 어머니는 잘못을 저지를 수가 없다
면 다른 사람들이 '어머니'와 갈등을 일으키거나 어머니의 비
난을 받을 경우 나는 그 사람을 어떻게 객관적으로 판단할 수
있을 것인가?

이러한 형태의 판단력 손상은 고착의 대상이 어머니가 아
니라 가족, 민족, 또는 인종일 때에는 매우 애매해진다. 이러
한 고착은 미덕으로 생각되므로 강렬한 민족적·종교적 고착
은 쉽게 편견을 갖고 왜곡된 판단을 내리게 하며, 이러한 판단
은 같은 고착에 참가하는 다른 모든 사람들이 공유하는 것이기
때문에 진리로 생각된다.

이성의 왜곡에 이은 근친상간적 고착의 두 번째로 가장 중
요한 병리학적 특색은 다른 사람을 충분히 사람으로서 경험하
지 못한다는 것이다. 오직 같은 피나 땅을 나누어 갖고 있는
사람들만이 사람다운 것으로 생각된다. '이방인'은 야만인이
다. 그 결과 나 또한 나 자신에 대해 '이방인'이 된다. 나는 같
은 피로 결합된 집단이 나누어 갖고 있는 절름발이 같은 기형
적 형태를 떠나서는 인간성을 경험할 수 없기 때문이다. 근친
상간적 고착은 퇴행의 정도에 따라 사랑하는 능력을 손상시키
거나 파괴한다.

근친상간적 고착의 세 번째 병리학적 징후는 독립성과 성
실성과의 갈등이다. 어머니나 종족에게 결합되어 있는 사람은

마음대로 자기 자신이 될 수도 없고 자신의 확신을 가질 수도 없으며 마음대로 어떤 일에 관여하지도 못한다. 그는 세계를 향해 열릴 수도 없고 세계를 받아들이지도 못한다. 그는 언제나 어머니와 인종, 민족, 종교 고착에 갇혀 있다. 사람은 근친상간적 고착의 모든 형태로부터 해방되는 정도에 따라서 비로소 충분히 태어나고, 이에 따라 자유로이 전진하고, 자유로이 자기 자신이 될 수 있다.

근친상간적 고착은 대체로 그 자체로는 알아볼 수 없거나 또는 합리적인 것으로 보이도록 합리화된다. 어머니에게 강하게 결합되어 있는 사람은 여러 가지 방법으로 자신의 근친상간적 유대를 합리화할 수 있다. 다시 말해 어머니에게 이바지하는 것이 나의 의무라거나, 어머니는 나를 위해 수고를 아끼지 않았고 나의 생명은 어머니가 준 것이라거나, 어머니는 너무나 고생을 했다거나 또는 어머니는 참으로 훌륭하다거나 하는 식으로 합리화하는 것이다. 고착의 대상이 개별적인 어머니가 아니라 민족일 때도 합리화는 마찬가지다. 나는 민족 덕분에 살고 있다거나 우리 민족은 훌륭하고 각별하다는 생각이 합리화의 중심을 이룬다.

요약하면 다음과 같다. 어머니 같은 사람이나 어머니와 동등한 것들, 즉 혈연, 가족, 종족에 결합되어 있으려는 경향은 모든 사람에게 고유한 것이다. 이러한 경향은 태어나고 진보하고 성장하려는 반대되는 경향과 끊임없이 갈등을 일으킨다. 정상적인 발달의 경우에는 성장하려는 경향이 승리한다. 병리학적으로 중한 경우에는 공생적 결합을 하려는 퇴행적 경향이 승리하며 그 결과 사람을 전체적으로 다소 무능하게 만든다.

어느 어린애에게서나 근친상간적 충동을 찾아볼 수 있다는 프로이트의 생각은 완벽하게 옳다. 그러나 이 생각의 중요성은 프로이트 자신이 가정했던 바를 훌쩍 뛰어넘는 것이다. 근친상간적 소망은 본래 성적 욕망의 결과가 아니라 사람의 가장 근본적인 경향 가운데 하나, 곧 자기가 왔던 곳과의 유대를 잃고 싶지 않다는 소망, 자유에 대한 두려움, 그 사람을 위해서라면 스스로 어떠한 독립성이라도 포기하고 무력해지는 바로 그 인물에 의해 파멸당하지나 않을까 하는 두려움 등을 구성하는 것이다.

이제 우리는 이 책에서 다루어온 세 가지 경향을 그 상호관계에서 비교해볼 수 있게 되었다. 그다지 심하게 나타나지 않을 경우, 죽음에 대한 사랑과 자아도취와 근친상간적 고착은 서로 아주 다르며 한 사람이 이러한 경향 가운데 하나를 가지고 다른 경향은 갖지 않는 경우가 많다. 또한 그 해롭지 않은 형태에서 이러한 정위들은 어느 것도 이성과 사랑을 몹시 무능하게 만들지 않으며 강력한 파괴성을 만들어내지도 않는다(이러한 경우의 한 예로서 나는 프랭클린 D.루스벨트를 들고 싶다. 그는 적당하게 어머니 고착적이고, 적당하게 자아도취적이며, 강렬하게 삶을 사랑하는 사람이었다. 반대로 히틀러는 거의 전적으로 죽음을 사랑하고, 자아도취적이고, 근친상간적인 사람이었다).

그러나 이 세 가지 정위가 악성이면 악성일수록 세 가지 경향은 더욱 집중된다. 우선 근친상간적 고착과 자아도취는 매우 비슷하다. 개인이 어머니의 자궁이나 가슴에서 완전히 벗어나지 못했을 때에 그는 자유롭게 다른 사람들과 관계하지도 못하고 다른 사람들을 사랑하지도 못한다. 그와 그의 어머니는(한몸으로서) 그의 자아도취의 대상이 된다.

이는 개인적 자아도취가 집단적 자아도취로 바뀌는 경우 가장 명백히 볼 수 있다. 여기서 우리는 근친상간적 고착과 자아도취가 혼합된 모습을 아주 명확하게 볼 수 있다. 이러한 특수한 혼합을 통해 모든 민족적·인종적·종교적·정치적 광신의 힘과 비합리성을 설명할 수 있을 것이다.

가장 원초적인 형태에 있어서 근친상간적 공생과 자아도취는 죽음에 대한 사랑에 의해 결합되어 있다. 자궁과 과거로 되돌아가려는 갈망은 동시에 죽음과 파괴에 대한 갈망이다. 죽음에 대한 사랑, 자아도취 및 근친상간적 공생의 극단적인 형태가 섞여 있다면 그것은 내가 쇠퇴의 증후군이라 부르기로 한 증후군과 같다고 말할 수 있다. 이러한 증후군을 가지고 있는 사람은 삶과 성장을 배반하고 죽음과 무능에 헌신하기 때문에 사실상 악한 사람이다. 쇠퇴의 증후군을 갖고 있는 사람으로 잘 입증된 예는 히틀러다. 그는 앞서 내가 말한 것처럼 죽음과 파괴에 깊이 집착하고 있었다. 그는 극단적으로 자아도취적인 사람이어서 그의 경우 유일한 현실은 **자기 자신의** 소망과 사상 뿐이었다. 끝으로 그는 극단적으로 근친상간적인 사람이었다.

어머니와 그의 관계가 어떠했든 간에 그의 근친상간적인 성격은 주로 인종에 대한, 다시 말해 같은 피를 나누어 가진 사람들에 대한 광신적인 헌신에 나타나 있었다. 그는 게르만 민족의 피가 더러워지는 것을 막아 게르만 민족을 구하겠다는 생각에 사로잡혀 있었다. 우선 그는 『나의 투쟁』에서 말한 것처럼 게르만 민족을 매독으로부터 구하고 두 번째로 유태인에 오염되지 않도록 하려고 했다. 자아도취와 죽음과 근친상간은 히틀러 같은 사람을 인류와 삶의 적이 되게 한 치명적인 혼합 이었다.

이러한 특성들의 3화음은 리처드 휴즈의 『지붕 밑 방의 여 우』에 가장 간결하게 그려져 있다.

결국 히틀러의 일원론적인 '나'는 어떻게 아무런 손상 도 없이 '다른 사람'을 인정하는 것을 본질로 하는 모든 성 행위에 굴복할 수 있었을까? 다시 말해 그가 우주의 단 하나의 감각 중추고, 우주에 포함되어 있었고, 또한 지금껏 포함되어 있는 '의지'의 단 하나의 정통적인 화신이라고 하는 자신의 고착된 확신에 손상을 입지 않고서?

말할 것도 없이 이는 **오직 히틀러만이 존재할 뿐이다** 라고 하는 그의 신적인 내면적 '힘'의 존재 이유였기 때문이다.

"나는 존재하고 나 이외에는 아무도 존재하지 않는다."

우주에는 그 이외에 다른 사람은 포함되어 있지 않으며 오직 사물이 포함되어 있을 뿐이었다. 그러므로 그의 경우에 있어서 '인칭' 대명사 전체는 정상적인 정서적 내용을 전혀 갖지 못했다. 따라서 히틀러는 엄청나게 의도적이고 창의적인 활동을 했고 여기엔 제약이 없었다.

이렇게 볼 때 이 건축기사가 정치가로 방향 전환을 한 것 또한 자연스런 일일 뿐이었다. 그는 새로이 다루게 될 사물을 현실적으로 구별하지 않았기 때문이다. 다시 말해 이 '사람들'은 다른 도구나 돌과 같은 범주에 속해 있었으며 단지 그를 흉내내는 '사물'에 지나지 않았다. 모든 도구에는 손잡이가 있다. 이것은 귀에 해당되었다. 만약 돌을 사랑하거나 미워하거나 가엾게 생각한다면(또는 돌에게 진리를 말하는 것은) 우스운 일인 것이다.

그런데 히틀러의 퍼스낼리티는 드물게 보는 병적 상태

였으니 사실상 음영이 없는 자아였다. 다시 말해 이러한 자아는 그렇지 않았더라면 성숙했을지 모를 어른의 지성 속에 비정상적으로 남아 있으면서도 임상적으로는 건전하기 때문에 희귀하고 병적이라 보는 것이다(이것은 갓난아이의 경우라면 말할 것도 없이 충분히 정상적인 시작이고 유아기에도 남아 있는 것이기 때문이다). 히틀러 **성인기**의 '나'는 이렇게 해서 악성 성장에서 볼 수 있는 것처럼 좀더 크지만 아직은 분화되지 않은 구조로 발달했다.

(……)괴로워하는 미친 사람은 침대 위에서 뒹굴고 있었다. (……)「리엔치의 밤」, 오페라가 끝난 다음 린츠[1] 강가의 프라인베르크에서의 그 밤. 그날 밤은 분명 그의 소년기의 절정을 이루는 밤이었다.

그때 그는 처음으로 자신의 내부에 있는 외로운 전능을 확인했기 때문이다. 끌려가듯이 어둠을 헤치고 높은 곳까지 올라간 그는 그 순간 그곳에서 지상의 모든 왕국들을 보게 된 게 아닐까? 그리고 그곳에서 옛 복음의 물음에 직면하고 그의 모든 존재는 하나의 '긍정'이 되지 않았을까? 그곳 높은 산 위에서 그는 11월의 별이 지켜보는 가운데 영원한 매매 계약을 **맺은** 게 아닐까? 그런데 지금은 (……) 리

---

1) 오스트리아 도시 이름.

엔치처럼 물마루에, 그 치솟는 힘이 그를 베를린으로 데리고 온 물결의 물마루에 타고 있는 듯한 지금 물마루는 굽이치기 시작했다. 이 물마루는 굽이치다 부서져서 그에게 달려들었고 그를 천둥처럼 울리는 푸른 물 속으로 깊이 밀어 넣었다.

침대 위에서 절망적으로 뒤척이면서 그는 숨을 몰아쉬었다. 그는 익사 직전이었다(히틀러가 언제나 무엇보다도 두려워하던 일이었다).

물에 빠져 죽다니? 그런데 (……) 아주 먼 옛날 소년 시절에 린츠의 다뉴브 다리 위에서 자살하려고 하던 순간의 동요……. 결국 우울한 소년은 그 머나먼 옛날에 **뛰어내렸고** 그 후 모든 일은 꿈이었다! 그런데 지금의 이 소란스런 소리는 꿈꾸듯 빠져 죽어가는 그의 귀에는 마치 힘찬 다뉴브 강의 노랫소리처럼 들렸다.

그를 둘러싼 초록색 물 같은 빛 속에서 죽은 사람의 얼굴이 반듯이 누워 그를 향해 떠내려오고 있었다. 눈을 감지 않고 죽은 사람의 퉁방울 같은 얼굴, 마지막으로 보았을 때 흰 베개를 베고 눈을 감지 않은 채 죽어 있던 하얀 어머니의 얼굴이, 그를 사랑하며 죽은 하얗고 공허한 얼굴이…….

그러나 지금은 그 얼굴이 여러 개로 불어났다. 그 얼굴은 물 속에서 그를 둘러싸고 있었다. 그렇다. 그의 어머니는 이 물**이었다**. 이 물이 그를 빠져 죽게 하는 것이다!

이때 그는 더 이상 몸부림치지 않았다. 그는 탯속에서처럼 무릎을 턱까지 끌어올리고 거기에 누워서 그대로 물 속으로 빠져 들어갔다.

이렇게 해서 히틀러는 마침내 잠들었다.[10]

이 짧은 구절에는 쇠퇴의 증후군의 모든 요소들이 오직 위대한 작가만이 할 수 있는 방식으로 집약되어 있다. 우리는 히틀러의 자아도취, 그의 빠져 죽으려고 하는 열망(물은 그의 어머니이다), 죽은 어머니의 얼굴로 상징되는 죽음에 대한 선호를 볼 수 있다. 자궁으로의 퇴행은 탯속에 있을 때처럼 무릎을 턱까지 끌어올린 자세로 상징되고 있다.

히틀러는 쇠퇴의 증후군의 현저한 예 가운데 하나에 지나지 않는다. 폭력, 증오, 인종 차별, 자아도취적 민족주의를 갈망하는 수많은 사람들이 있으며 그들 역시 이러한 증후군에 시달리고 있다. 그들은 폭력, 전쟁 및 파괴의 지도자들이거나 또는 참된 '신봉자들'이다. 그들 가운데서 가장 균형을 잃은 자만이 그들의 참된 목표를 명백히 표명하거나 심지어 그 목표를

---

10) Richard Hughes, 『The Fox in the Attic』.

의식할 것이다. 그들은 그들의 정위를 애국, 의무, 명예 등으로 합리화하려고 할 것이다. 그러나 국가 사이에 전쟁이나 내란이 일어나는 경우처럼 정상적인 문명생활의 형태가 무너질 때에는 이러한 사람들은 이미 그들의 가장 깊은 곳에 있는 욕망을 억제할 필요가 없어진다. 그들은 증오를 찬양하는 노래를 부를 것이고, 죽음에 이바지할 수 있을 때에는 생기가 나서 온갖 힘을 다 발휘할 것이다.

사실상 전쟁과 폭력 분위기는 쇠퇴의 증후군을 가진 사람이 그 힘을 충분히 발휘하게 되는 상황이다. 아마도 이러한 증후군에 의해 동기 부여가 되는 사람은 극소수에 지나지 않을 것이다. 그러나 그들은 물론 이와 같은 동기를 갖지 않은 사람들조차 진정한 동기를 알지 못하기 때문에 그들은 투쟁, 분쟁, 냉전 또는 열전의 시기에 증오라는 전염병을 퍼뜨리는 위험한 보균자가 된다. 그러므로 그들의 정체를 파악하는 것, 다시 말해 그들이 죽음을 사랑하고 독립성을 두려워하는 사람들이며 그들에게는 오직 자기 자신이 속한 집단의 욕구만이 현실성을 갖는다는 사실을 간파하는 것이 중요하다.

그들을 나병 환자처럼 육체적으로 격리할 필요는 없다. 정상인 사람들이 그들의 병적인 영향에 대해 어느 정도 면역을 얻기 위해서는 그들이 병자라는 사실 그리고 그들의 경건한 합리화 배후에는 악의 있는 충동이 숨겨져 있다는 사실을 이해하는 것만으로 충분하다. 이렇게 되기 위해서는 꼭 배워야 할 게 하나 있다. 곧 말을 곧이곧대로 현실로 받아들이지 말고 인간만이 걸릴 수 있는 병, 다시 말해 삶이 사라지기도 전에 삶을 부정하는 병에 걸린 사람들의 기만적인 합리화를 간파할 줄 알아야 한다.[11]

지금까지 우리는 죽음에 대한 사랑; 자아도취, 근친상간적 고착에 대해 분석했거니와 이제 여기서 제시한 견해를 프로이트 이론과 관련시켜 검토해보는 것이 좋을 것 같다. 비록 이 책의 목적으로 보아 간략한 검토가 불가피하긴 하지만.

프로이트의 생각은 리비도 발달의 진화적 도식, 곧 자아도취적 정위로부터 구순口脣 수용기적, 구순 공격기적, 항문 가학기적, 남근적 및 성기적 정위로 나간다고 하는 도식에 바탕을 두고 있다. 프로이트에 따르면 정신질환의 가장 중한 형태는 리비도 발달의 가장 초기 단계에 대한 고착(또는 초기 단계로의 퇴행)을 원인으로 하는 것이었다. 그 결과 예컨대 구순 수용기적 단계로의 퇴행은 항문 가학기적 단계로의 퇴행보다 병리학적으로 더 중하다고 생각할 수밖에 없을 것이다.

---

11) 나는 투사질문지법으로 죽음에 대한 사랑, 극단적 자아도취, 근친상간적 공생에 걸린 사람들의 영향 범위를 찾아내는 실험적인 조사 계획을 제안한다. 이러한 질문지는 미국인 각계 각층의 대표적 샘플을 대상으로 할 수 있을 것이다. 이것은 쇠퇴의 증후군이 미치는 영향 범위뿐만 아니라 사회적·경제적 지위, 교육, 종교, 출신지 등 다른 요인들과의 관계도 밝혀줄 것이다.

　　그러나 내 경험으로 볼 때 이 일반 원리는 임상적으로 관찰할 수 있는 사실에 의해 뒷받침되지 않는다. 구순 수용기적 정위 자체는 항문기의 정위보다는 삶에 더 가깝다. 따라서 일반적으로 항문기의 정위는 구순 수용기적 정위보다 병리학적으로 더 중한 것이 되기 쉽다고 말할 수 있을 것이다. 나아가 구순 공격기적 정위에는 가학증과 파괴성의 요소가 포함되어 있으므로 구순 수용기적 정위보다 병리학적으로 더 중한 것이 되기 쉽다고 말할 수 있을 것이다.

　　그 결과 우리는 프로이트의 도식과는 거의 정반대되는 결론에 도달하는 것 같다. 병리학적으로는 가장 가벼운 것이 구순 수용기적 정위와 관련되는 것이고, 다음으로 구순 공격기적 정위, 항문 가학기적 정위 순으로 더 심해질 것이다. 발생론적으로는 발달 차례가 구순 수용기적 정위, 구순 공격기적 정위, 항문 가학기적 정위 순이라는 프로이트의 관찰이 타당하다 할지라도 우리는 초기 단계에 대한 고착이 병리학적으로 더욱 심한 것이라는 그의 견해에는 동의할 수 없다.

　　그러나 나는 초기 정위가 더욱 병적인 것이 나타나게 하는 밑바탕이 된다는 진화론적 가정으로는 이 문제를 해결할 수 없다고 생각한다. 내가 보기에 각 정위는 그 자체로서 정상적인 것에서부터 가장 원초적인 병리적 단계에 이르기까지 여러 가지 퇴행 단계를 가지고 있다. 예컨대 구순 수용기적 정위는 일반적으로 성숙한 성격 구조, 다시 말해 고도의 생산성과 결합될 때에는 온건한 모습을 띨 것이다. 한편 이것이 고도의 자아도취 및 근친상간적 공생과도 결합될 수 있는데 이 경우 구순 수용기적 정위는 극단적인 의존성과 해로운 병리 현상을 가진 정위가 될 것이다. 죽음을 사랑하는 성격에 비하면 거의 정상이라고 할 수 있는 항문기적 성격에 대해서도 똑같이 말할 수 있다.

그러므로 나는 그 병리 현상을 리비도 발달의 여러 가지 단계의 구별에 따라 결정하지 말고, 각 정위(구순 수용기적, 구순 공격기적 등) **안에서** 결정될 수 있는 퇴행 정도에 따라 결론 내릴 것을 제안한다. 더욱 유의해야 할 점은 우리는 프로이트가 각각의 성감대에 원인이 있다고 본 정위(동화 양식)를 다루고 있을 뿐 아니라, 여러 가지 동화의 양식과 유사성을 갖는 사랑, 파괴성, 가학증, 피학증 같은 개인적 관계의 형태들도 다루고 있다는 점이다.[12]

따라서 예컨대 구순 수용기적 정위와 근친상간적 정위, 항문기적 정위와 파괴적 정위 사이에는 유사성이 있다. 이 책에서 나는 동화의 양식보다는 오히려 관계성의 영역에 있는 정위들(자아도취, 죽음에 대한 사랑, 근친상간적 정위 : 사회화의

---

12) E. Fromm, 『Man for Himself』 참조.

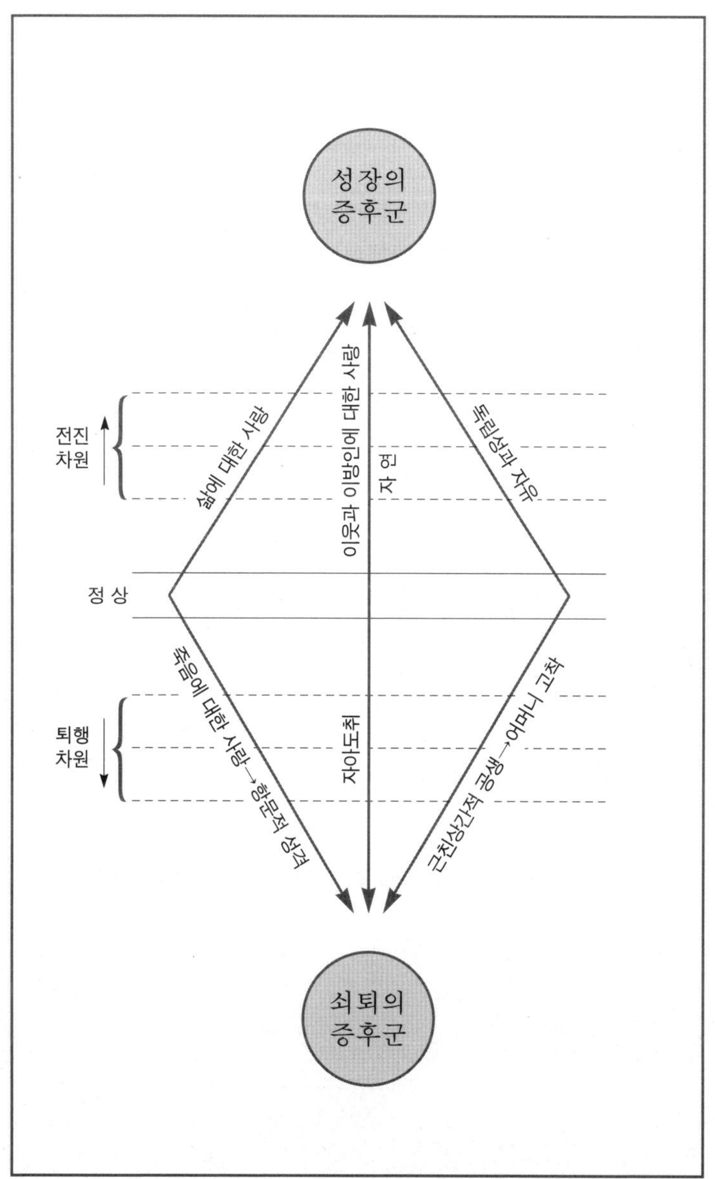

성장의 증후군
쇠퇴의 증후군
전진 차원
퇴행 차원
정상
삶에 대한 사랑
이웃과 이방인에 대한 사랑
자 연
독립성과 자유
죽음에 대한 사랑
자아도취
죽음에 대한 사랑→항문적 성격
근친상간적 공생→어머니 고착

양식)을 다루고 있지만 이러한 정위의 두 양식 사이에는 상호 관계가 있다. 죽음에 대한 사랑과 항문기적 정위의 유사성에 대해서는 그 상호 관계를 이 책에서 어느 정도 자세하게 논증한 바 있다. 이러한 상호 관계는 삶에 대한 사랑과 '성기적' 성격, 근친상간적 고착과 '구순기적' 성격 사이에도 있다.

나는 여기서 설명한 세 가지 정위는 각기 퇴행의 여러 가지 단계에서 일어날 수 있다는 것을 밝히려고 했다. 각 정위의 퇴행이 심각하면 심각할수록 세 정위는 더욱 집중되기 쉽다. 극단적 퇴행 상태에서는 세 정위가 집중되어 앞서 말한 이른바 쇠퇴의 증후군을 형성한다.

한편 최적의 성숙에 도달한 사람의 경우에도 이 세 가지 정위는 집중되는 경향이 있다. 죽음에 대한 사랑의 반대는 삶에 대한 사랑이고, 자아도취의 반대는 사랑이고, 근친상간적 공생의 반대는 독립성과 자유이다. 이러한 세 가지 태도의 증후군을 나는 성장의 증후군이라고 부른다.

197쪽 그림은 이러한 개념을 도식적 형태로 보인 것이다.

6

자유, 결정론, 양자택일론

지금까지 파괴성과 폭력에 대한 몇 가지 경험적 문제들을 검토해왔으므로 이제 우리는 좀더 준비된 상태에서 1장에서 보류했던 문제를 다룰 수 있을 것이다. 이제 다음과 같은 문제로 되돌아가기로 하자. 사람은 착한가 아니면 악한가? 사람은 자유로운가 아니면 환경에 의해 결정되어 있는가? 또는 이러한 양자택일은 잘못이고 사람은 착하지도 않고 악하지도 않은가? 아니면 사람은 착하기도 하고 악하기도 한가?

이러한 물음에 대답하려면 또 하나의 문제를 검토하는 데서 시작하는 것이 우리들 목적에 유익할 것이다. 우리는 사람의 본질 또는 본성을 말할 수 있는가? 만일 말할 수 있다면 그것은 어떻게 정의될 수 있는가?

사람의 본질을 말할 수 있는가 하는 문제에 대해 우리는 쉽게 상반되는 두 가지 견해를 찾아낼 수 있다. 하나는 사람의

본질 같은 것은 없다는 견해다. 이러한 견해는 인류학의 상대론이 주장하는 것으로 사람은 사람을 형성시키는 문화적 패턴의 소산에 지나지 않는다는 주장이다. 한편 이 책에서 말한 파괴성에 대한 경험적 검토는 사람에게 본질이라는 것이 있다고 한 프로이트와 그 밖의 많은 사람들의 견해를 바탕으로 하고 있다. 사실상 모든 역동심리학dynamic psychology은 이러한 전제를 기초로 삼는다.

사람의 본성에 대해 만족스런 정의를 내리기 어려운 것은 다음과 같은 딜레마가 있기 때문이다. 만일 사람의 본질을 구성하는 어떤 **실체**가 있다고 가정한다면 사람이 처음으로 출현한 이후 사람에게는 기본적인 변화가 없었다고 하는 비진화적이고 비역사적인 태도를 취하지 않을 수 없다. 이러한 견해는 우리들의 가장 미개한 조상과 지난 4천 년 내지 6천 년의 역사에 등장한 문명인 사이에 엄청난 차이가 있다는 사실과 일치하기 어렵다.[1]

한편 진화론적 개념을 받아들이고 사람은 끊임없이 변한다고 믿는다면 이른바 사람의 '본성' 또는 '본질'의 내용으로는 무엇이 남을까? 이러한 딜레마는 사람은 정치적 동물(아리스토텔레스)이라든가, 약속을 할 수 있는 동물(니체)이라든가, 예상하고 상상력을 갖고 생산하는 동물(마르크스)이라든가 하는 정의에 의해서도 해결될 수 없다. 이러한 정의가 사람의

본질적 소질을 나타내기는 하지만 사람의 **본질**을 말하지는 못한다.

나는 사람의 본질을 타고난 소질 또는 실체로 정의하지 않고 **인간 존재에 내재하는 모순**으로 정의할 때 이와 같은 딜레마를 해결할 수 있다고 믿는다.[2] 우리는 두 가지 사실에서 이러한 모순에 대해 볼 수 있다.

첫째, 사람은 동물이지만 사람의 본능적 장치는 다른 모든 동물의 본능적 장치와 비교하면 불완전하며, 물질적 욕구를 만족시키는 수단을 만들어내고 언어와 도구를 발달시키지 않는 한 생존을 보장하기에 불충분하다.

---

1) 마르크스는 특히 이러한 딜레마 때문에 고민했다. 그는 비록 1844년의 『경제학, 철학 초고草稿』에서는 이러한 표현을 쓰기를 단념했지만 '사람의 본질'을 말했고 예컨대 '불구가 아닌' 사람에 대해 말했는데 이는 불구가 될 수 있는 **사람의 본성**이라는 개념을 전제하고 있다(『자본론』 3권에서 그는 여전히 사람의 본성이라는 개념을 사용하고 있는데, 소외되지 않은 노동을 '사람의 본성에 가장 적합하고 사람의 본성에 가장 보람 있는' 조건 밑에 있는 노동이라고 말하고 있다). 한편 마르크스는 사람은 역사의 과정에서 자기 자신을 창조한다고 강조했으며 심지어 사람의 본질이 그가 살고 있는 '사회의 전체적 조화'라고 말하기까지 했다. 마르크스는 사람의 본성이라는 개념을 포기하고 싶지 않았으나 그가 비역사적이고 비혁명적인 개념에 굴복하는 것도 바라지 않았다는 것은 명백한 사실이다. 사실 마르크스는 이러한 딜레마를 결코 해결할 수 없었고 따라서 사람의 본성에 대한 정의에 도달하지도 못했다. 그 결과 이 문제에 대한 그의 발언은 약간은 막연해지게 되었고 모순을 갖게 되었다.
2) 다음 몇 쪽에서 제시하는 생각은 내가 이미 『건전한 사회』에서 말한 것이다. 그러나 여기서 요약된 형태로 이 생각을 말하지 않으면 이 장 주요 부분에 기초가 없게 되므로 되풀이하지 않을 수 없었다.

둘째, 사람에게는 다른 동물과 마찬가지로 직접적이고 실제적인 목적을 달성하기 위해 사고 과정을 이용하게 하는 지능이 있지만 다른 동물은 갖지 못한 또 하나의 정신적 특성이 있다. 사람은 자기 자신을 알고, 과거와 미래(이것은 죽음이다)를 알고, 자신이 보잘것없고 무력하다는 것을 알고 있다. 사람은 다른 사람을 다른 사람으로서(친구, 적 또는 이방인으로서) 알고 있다. 사람은 처음으로 **삶을 삶 자체로서 자각하는** 자이기 때문에 그 밖의 모든 다른 삶을 초월한다. 사람은 자연 **속에** 있고 자연의 명령과 우발적 사건에 묶여 있지만 동물을 자연의 한 부분으로(자연과 한몸으로) 만드는 무자각 상태에 있지 않기 때문에 자연을 **초월한다.**

사람은 자연의 포로이면서 사고에 있어서는 자유롭다는, 다시 말해 자연의 한 부분이면서 동시에 자연의 기형이라는, 이도 저도 아니라는 무서운 갈등에 부딪친다. 사람은 자각으로 말미암아 세계에서 분리되어 외롭고 두려움에 떠는 이방인이 된다.

내가 지금까지 설명한 보순은 본질적으로는 고전적인 견해, 다시 말해 사람은 육신이고 영혼이며, 천사이고 짐승이며, 서로 갈등하는 두 세계에 속한다는 견해와 똑같은 것이다. 지금까지 내가 지적하고 싶어한 것은 이러한 갈등을 사람의 본질로, 다시 말해 이 점 때문에 사람이 사람이 되는 것이라 보는 것만으로는 불충분하다는 사실이다. 이러한 설명을 넘어 사람 내부에 있는 갈등 자체가 **해결을 요구한다**는 점을 인식해야 한다.

이러한 갈등을 말하려 할 때 곧바로 몇 가지 의문이 떠오른다. 즉 사람은 그의 존재에 고유한 이러한 공포에 대항하기 위해 무엇을 할 수 있을까? 홀로 있다는 고통으로부터 해방되어 세상에 안주하고 합일감을 갖게 하는 조화를 찾기 위해 사람은 무엇을 할 수 있을까?

사람이 이러한 물음에 대해 할 수 있는 대답은 이론적인 대답(비록 이것이 삶에 대한 사상과 이론을 반영하기는 하지만)이 아니라 자신의 존재 전부, 자신의 감정과 행동 전부로 하는 대답이다. 그 대답은 더 좋은 것일 수도 더 나쁜 것일 수도 있지만 아무리 나쁜 대답이라도 하지 않는 것보다는 낫다. 모든 대답이 갖추어야 할 한 가지 조건이 있는데 곧 그 대답은 분리감을 극복하고 합일감, 일체감, 소속감을 얻도록 사람을 도와주는 것이어야 한다.

사람으로 태어났다는 사실 때문에 묻게 되는 이러한 물음에 대해 사람이 할 수 있는 대답은 많다. 나는 다음번에 이러한 대답들을 간략하게 검토해보려고 한다. 다시 강조해두거니와 이 대답들은 그 어느 것도 그 자체로서는 사람의 본질을 구성하는 것이 아니다. 오히려 이러이러한 문제가 있고 대답을 해야 한다는 것이 본질이다. 인간 존재의 여러 가지 형태들은 본질이 아니라 갈등에 대한 대답이며, 갈등 자체가 본질이다.

분리를 초월해 합일을 이루려는 추구에 대한 첫 번째 대답을 나는 **퇴행적** 대답이라 부르려 한다. 사람이 결합하려 한다면, 사람이 고독과 불확실성의 공포로부터 해방되려 한다면 그는 그가 온 곳, 곧 자연으로, 동물적 생활로, 조상들에게로 돌아가려 할 수 있다. 그는 그를 사람답게 하지만 괴롭히는 것, 곧 이성과 자각을 제거하려 할 수 있다.

몇십만 년 동안 사람은 바로 이러한 노력을 해온 것 같다. 원시 종교의 역사는 이런 노력의 증거이며 개인의 심한 정신 병리도 그렇다. 원시 종교와 개인의 심리 과정의 몇 가지 형태에서 우리는 똑같은 정신 병리, 곧 동물적 존재로의 퇴행, 개인화 이전 상태, 각별히 사람다운 것을 제거하려는 노력 등을 볼 수 있다. 그러나 이 말은 한 가지 의미로 한정되어야 한다. 퇴행적인 원초적 경향을 많은 사람들이 공유할 때 우리는 **대중의 우행**을 보게 된다.

여론의 동일이라는 사실 자제가 어리석음을 지혜로, 허구를 현실로 보이게 하는 것이다. 이러한 공통된 어리석음에 참여하는 개인은 완전한 고립감이나 분리감을 갖지 않으며 따라서 전진적인 사회에서 겪게 될 강렬한 불안감을 느끼지 않는다. 대부분의 사람들의 경우 이성과 현실은 여론에 지나지 않는다는 점을 기억해두어야 한다. 다른 사람의 마음이 자신의 마음과 다르지 않을 때에는 결코 '미치지' 않는다.

사람의 문제에 대한, 사람이라는 부담에 대한 퇴행적이고 원초적인 해결을 대신하는 것이 **전진적 해결**, 다시 말하면 퇴행이 아니라 모든 **인간적인** 힘, 자기 내면의 인간성을 충분히 발달시켜 새로운 조화를 찾으려는 해결 방법이다.

전진적 해결은 기원전 1500년에서 기원전 500년에 이르는 인간 역사의 두드러진 시대에 처음으로 기본적인 형태로 나타났다(원초적인 퇴행적 종교로부터 휴머니즘적 종교에 이르기까지 과도기를 형성하는 많은 종교가 있다). 이집트에서는 기원전 1350년쯤 이크나톤[1]의 가르침에 나타났고 비슷한 무렵 히브리 사람들의 경우에는 모세의 가르침으로 나타났다. 기원전 600년에서 500년쯤 중국에서는 노자가, 페르시아에서는 짜라투스트라가, 인도에서는 석가가, 그리스 철학자와 이스라엘 예언자들이 같은 사상을 주장했다.

사람의 새로운 목표, 곧 충분히 사람다워져서 잃어버린 조화를 다시 찾으려는 목표는 여러 가지 개념과 상징으로 표현되었다. 이크나톤의 경우 이 목표는 태양으로, 모세의 경우 역사의 알려지지 않은 신으로 상징되었고, 노자는 이를 '도' 라고

---

1) 이집트 왕인 아멘호텝 4세(기원전 1375~1538?)로 종교개혁가였다.

불렀으며, 석가는 이를 열반으로 상징했고, 그리스 철학자들은 부동의 원동자原動者로 상징했고, 페르시아 사람들은 짜라투스트라로, 이스라엘 예언자들은 구세주의 '세계의 종말'로 상징했다.

이 같은 개념은 대체로 사고방식에 의해서, 궁극적으로는 실제 생활과 이러한 각 문화의 사회적·경제적·정치적 구조에 의해서 결정되었다. 그러나 새로운 목표를 표현한 특수한 형태는 여러 가지 역사적 환경에 따라 달랐을지라도 그 목표는 본질적으로 똑같은 것이었다. 곧 삶이 제기하는 문제에 올바른 대답을 함으로써 사람의 문제를 해결하려는 것이었고 사람이 충분히 사람다워짐으로써 분리되어 있는 공포를 버리려는 것이었다.

기독교와 이슬람교가 500년 후와 1천 년 후에 유럽과 지중해 여러 나라들에 각각 같은 사상을 전했을 때 전 세계 대부분은 새로운 메시지를 알게 되었다. 그러나 사람들은 이 메시지를 듣자마자 그것을 왜곡하기 시작했다. 스스로 충분히 사람다워지는 대신 사람은 신과 교리를 '새로운 목표'가 나타난 것으로 우상화했으며, 따라서 형상 또는 말을 자기 자신의 경험의 현실성으로 삼게 되었다. 이런 상황에서도 많은 사람들이 본래 목표로 되돌아가려는 노력을 거듭했다. 이러한 노력은 종교 내부에, 이단 종파에, 새로운 철학 사상과 정치철학에 나타났다.

이 같은 모든 새로운 종교의 사상 개념은 서로 달랐지만 사람에게 기본적인 양자택일이 있다는 사상만은 공통되었다. 사람은 두 가지 가능성, 곧 퇴행 가능성과 전진 가능성을 선택할 수 있을 뿐이다. 사람은 원초적이고 병리적인 해결로 되돌아가거나 아니면 인간성을 향해 전진하고 인간성을 발달시킬 수 있을 뿐이다. 이러한 양자택일은 여러 가지 방식으로 표현된다. 곧 빛과 어둠의 양자택일(페르시아)로, 축복과 저주, 삶과 죽음의 양자택일(『구약성서』)로, 또는 사회주의와 야만 상태의 양자택일이라는 사회주의적 표현으로 나타나기도 한다.

이러한 양자택일은 여러 가지 휴머니즘적 종교에 나타나 있을 뿐 아니라 정신 건강과 정신병 사이의 기본적 차이에도 나타나 있다. 우리는 주어진 문화의 일반적인 준거의 틀에 따르는 사람을 건강한 사람이라고 부른다. 튜튼 민족의 광포한 전사戰士[2] 같은 경우 '건강한' 사람은 야수처럼 행동할 수 있는 사람이었을 것이다. 그러나 이러한 사람은 오늘날의 기준으로 보면 정신병자일 것이다.

퇴행적이고 원초적인 문화에 있어서는 사람들이 원초적 충

---

2) 북유럽 전설에 나오는, 싸움터에만 가면 광포해져서 당할 자가 없는 전사를 말한다.

동에 의해 결합되어 있었기 때문에 그중 어떤 것은 '정상'으로, 심지어 '이상理想'으로까지 생각되었지만 이러한 정신적 경험의 모든 원초적 형태들, 즉 죽음에 대한 사랑, 극단적인 자아도취, 근친상간적 공생은 오늘날 정신병리학에서는 중증으로 지적된다. 원초적 힘이 덜 강렬한 형태일 때는 반대되는 힘의 저지를 받으면 억압되는데 이와 같은 억압의 결과는 '신경증'으로 나타난다.

퇴행적 문화와 전진적 문화에 있어서 원초적 정위의 본질적 차이는 원초적 문화에서 원초적인 정위를 가진 사람은 고립감을 느끼지 않고 오히려 공통된 여론의 뒷받침을 받지만, 전진적 문화 속에 있는 사람으로서 원초적인 정위를 가진 사람에게는 정반대 일이 일어난다는 사실에 있다. 후자는 자신의 마음이 다른 모든 사람들의 마음과 반대되기 때묾에 '미치다' 사실 오늘날과 같은 전진적인 문화에 있어서도 대부분의 사람들은 상당히 힘 있는 퇴행적 경향을 갖지만 이러한 경향은 정상적인 생활 과정에서 억압되고 전쟁 같은 특별한 조건에서만 나타난다.

이제 우리가 출발점으로 삼은 문제에 대해 지금까지 고찰한 것을 통해 밝혀진 바를 요약해보기로 하자. 우선 사람의 본성 문제에 대해 우리는 사람의 본성 또는 본질은 선과 악 같은 특수한 **실체**가 아니라 인간 존재의 조건 자체에 뿌리박고 있는 모순이라는 결론에 도달한다. 이러한 갈등은 해결을 요구하는데 기본적으로는 퇴행적 해결과 전진적 해결이 있을 뿐이다.

때때로 전진을 위한 사람의 본유적本有的 충동처럼 보이는 것은 새로운 해결을 찾으려는 역학에 지나지 않는다. 사람이 어떠한 새로운 단계에 도달하든 새로운 모순이 나타나므로 그는 또다시 새로운 해결책을 찾지 않을 수 없다. 이러한 과정은 그가 충분히 사람다워지고 세계와 완전히 결합한다는 궁극적인 목표에 도달할 때까지 계속된다.

불교가 가르치는 바와 같이 사람이 탐욕과 갈등이 사라지는 충분한 '깨달음'에 이를 때에만 이러한 궁극적 목표를 달성할 수 있는지 또는 기독교가 가르치는 바와 같이 이것이 죽은 다음에야 가능한지는 여기서 문제삼지 않기로 한다. 중요한 것은 모든 휴머니즘적 종교와 철학적 가르침에서 '새로운 목표'는 똑같으며, 사람은 이러한 목표에 점점 다가가고 있다는 믿음을 가지고 산다는 것이다(한편 퇴행적 방식으로 해결책을 찾는다면 사람은 미친 상태와 다를 바 없는 완전한 비인간화를 추구하지 않을 수 없을 것이다).

만일 사람의 본질이 착한 것도 악한 것도 아니고, 사랑도 미움도 아니며, 새로운 해결을 요구하고 또다시 새로운 모순을 만들어내는 모순에 있다면 사실상 사람은 이러한 딜레마에 대해 퇴행적 방식이나 전진적 방식으로 대답할 수 있다. 최근의 역사는 이에 대해 많은 예를 보여준다. 돈과 사회적 지위를 잃은 몇 백만 독일인들은, 특히 중간 하층 독일인들은 히틀러의 지도 밑에서 그들 튜튼 선조들의 '광포한 전사' 숭배로 되돌아갔다. 같은 일은 스탈린이 지배하는 러시아에서도, 일본의 난징 대학살에서도, 미국 남부 폭도들의 린치에서도 나타났다.

대부분의 사람들에게 경험의 원초적 형태는 언제나 현실적 가능성이며 이러한 가능성은 **출현할 수** 있는 것이다. 그러나 그것이 출현하는 두 가지 형태를 구별해야 할 필요가 있다. 하나는 원초적 충동이 매우 강렬하게 남아 있지만 주어진 문화의 문화 패턴과 모순되기 때문에 억압되는 경우로, 이럴 때는 전쟁, 천재지변, 사회적 분열 같은 특별한 환경에 의해 쉽게 통로가 열려 억압된 원초적 충동이 분출할 수 있다.

또 하나의 가능성은 한 사람 또는 한 집단의 구성원의 발달이 사실상 전진적 단계에 도달하고 이러한 단계가 견고한 경우인데, 이럴 때 원초적 충동은 억압된 것이 아니라 **대체된** 것이므로 앞서 말한 외부적 사건이 일어나더라도 쉽게 원초적 충동으로 되돌아가지는 않을 것이다. 그렇지만 이 경우도 원초적 잠재력이 완전히 사라진 것은 아니다.

강제수용소에 오랫동안 갇혀 있다거나 몸에 어떤 화학 변화가 일어나는 경우처럼 특별한 환경 밑에서는 정신적 체계 전체가 무너지고 원초적 힘이 새로운 힘을 갖고 분출할 수도 있다. 물론 한쪽에는 원초적인 억압된 충동이 있고, 또 한쪽에는 전진적 정위에 의해 충분히 대체된 두 극단 사이에는 무수한 음영이 있다. 그 비율은 사람에 따라 다르고 억압의 정도와 원초적 정위를 자각하는 정도도 저마다 다를 것이다.

원초적인 면이 억압이 아니라 전진적 정위의 발달로 완전히 제거되어 원초적인 면으로 퇴행하는 것이 아예 불가능해진 사람도 있다. 마찬가지로 전진적 정위를 발달시킬 모든 가능성이 완전히 파괴되어 선택의 자유(이 경우는 전진을 선택하는 것이지만)를 잃어버린 사람도 있다.

어떤 사회의 일반적 정신이 개개인에게 이러한 두 측면이 발달하는 데 큰 영향을 미친다는 것은 말할 필요도 없다. 그러나 이 경우에도 개인과 정위의 사회적 패턴은 크게 다를 수 있다. 이미 지적한 바 있지만 현대 사회에는 의식적으로는 기독교 교리나 계몽주의의 주장을 믿으면서도 이러한 전면의 배후에서는 '광포한 전사'이거나, 죽음을 사랑하는 사람이거나, 바알 신[3] 또는 아슈타르테[4]를 숭배하는 원초적인 정위를 가진 사람들이 몇 백만이나 있는 것이다.

그들이 반드시 갈등을 경험하지는 않는다. 그들이 **생각하**

---

3) 고대 셈족의 신이었던 태양신.
4) 페니키아 사람들이 숭배한 고대 셈족의 풍년과 생식의 여신.

고 있는 전진적 관념들은 중요하지 않고 그들은 숨겨지거나 가려진 형태로만 원초적 충동에 따라 **행동하기** 때문이다. 한편 원초적 문화 속에서 전진적 정위를 발달시키는 개인이 있는 경우도 많았다. 그들은 특정 환경에서는 그들 집단의 대다수 사람들에게 빛을 주고, 사회 전체의 점진적 변화의 기초를 마련해준 지도자가 되었다.

이러한 개인들이 특이한 인물이고 그들의 가르침이 후세에 전해지게 되었을 때 그들은 예언자, 스승 또는 이와 비슷한 이름으로 불렸다. 이러한 사람들이 없었더라면 인류는 결코 원초적 상태의 어둠으로부터 벗어나지 못했을 것이다. 그러나 그들은 작업이 진화하면서 사람들 스스로가 자연의 미지의 힘으로부터 점진적으로 해방되고, 자신의 이성과 객관성을 발달시키고, 야수나 가축 같은 생활에서 벗어났기 때문에 사람들에게 영향을 미칠 수 있었던 것이다.

집단에 타당하다면 개인에게도 타당하다. 모든 사람에게는 방금 말한 바와 같이 원초적 힘이 잠재해 있다. 오직 완전히 '악' 하거나 완전히 '선' 할 뿐이라면 이미 선택의 여지는 없다. 거의 모든 사람이 원초적 정위로 퇴행할 수도 있고 자신의 퍼스낼리티를 충분히 전진적 전개로 펼쳐나갈 수도 있다. 전자의 경우 심한 정신병이 생기고, 후자의 경우 병으로부터 자연적으로 회복되거나 충분히 깨닫고 성숙한 사람으로 변한다.

어떤 발달이 일어나게 하는 조건을 연구하고, 더 나아가 바람직한 발달은 촉진시키고 해로운 발달은 저지할 수 있는 방법을 찾아내는 것, 이것이 바로 정신의학과 정신분석학 그리고 그 밖의 여러 가지 정신적 학문에 부여된 과제이다.[3]

그 구체적 방법을 설명하는 것은 이 책의 역할에서 벗어나므로 이에 대해서는 정신의학과 정신분석학의 임상 문헌에서 찾아보는 편이 좋을 것이다. 그러나 극단적인 경우는 제외하더라도 개인이나 집단은 각기 어떤 시점에서는 가장 불합리하고 파괴적인 정위로 퇴행할 수도 계몽된 전진적 정위로 나아갈 수도 있다는 사실을 인식하는 것이 우리들에게는 중요한 문제이다.

사람은 착하지도 악하지도 **않다**. 만일 우리가 사람은 착하다는 것을 유일한 잠재력으로 믿는다면 사실을 장밋빛으로 곡해하지 않을 수 없게 되거나 쓰라린 환멸을 맛보게 될 것이다. 만일 우리가 사람은 악하다고 믿는다면 결국은 냉소적인 사람이 되고, 다른 사람과 자기 자신이 착한 일을 할 수 있는 모든 가능성에 대해 장님이 되어버릴 것이다. 현실적인 견해는 두 가능성 모두를 현실적인 잠재력으로 보고 그중 하나를 발달시

---

3) 특히 스즈키鈴木大拙가 수많은 저서에서 설명하고 있는 선불교의 가르침과 실천 참조. 각별히 D. T. Sozuki, E. Fromm, R. de Martino, 『Zen Buddhism and Psychoanalysis』 참조.

키는 조건이 무엇인지 연구하는 것이다.

　이러한 고찰을 통해 우리는 **자유**라는 문제에 도달한다. 사람은 어떤 순간에도 선을 선택할 자유를 갖고 있을까? 또는 자신의 내적인 혹은 외적인 힘에 의해 모든 것이 결정되어 있기 때문에 그러한 **선택의 자유**를 갖지 못하는 걸까? 의지의 자유라는 문제에 대해서는 수많은 책이 나와 있다. 하지만 내 견해로는 다음에 설명하려는 문제에 대한 서설로서 윌리엄 제임스가 한 말보다 더 적절한 것이 없는 듯하다. 그는 다음과 같이 말했다.

　"자유의지 논쟁에서 그 정수精髓는 이미 오래전에 짜냈으며, 따라서 아무리 새로운 챔피언이라 해도 모든 사람이 지금까지 들어온 김빠진 이론의 재탕에 그칠 수밖에 없다는 것이 공통된 의견으로 퍼져 있다. 이는 근본적으로 잘못된 것이다. 나는 이 문제만큼 신선하고 또한 독창적인 천재가 새로운 근거를 개척하기에 가장 좋은 기회(아마도 결론이나 강제적인 동의를 강요하지 않고 두 파 사이의 문제가 진실로 무엇인가 그리고 운명이니 자유의지니 하는 관념이 진실로 무엇을 뜻하는가를 깊이 깨닫게 되는 기회)를 갖는 문제를 본 적이 없다."[4]

　나는 다음번에 이 문제와 관련된 몇 가지 의견을 제시하려

---

4) William James, 『The Dilemma of Determinism』.

하거니와, 이는 정신분석적인 경험이 자유의 문제를 새롭게 조명함으로써 몇 가지 새로운 측면을 보여준다는 사실에 바탕을 두고 있다.

　자유에 대한 종래의 논의는 경험적이고 심리학적인 자료들을 사용하지 못했으며 따라서 이 문제를 일반적이고 추상적인 용어로 다루려는 경향을 피할 수 없었다. 자유가 **선택의 자유**를 뜻한다면 이 문제는 결국 A와 B 중에서 어느 하나를 내가 선택할 자유가 있는가 하는 문제가 된다. 결정론자들은 사람은 자연의 다른 모든 사물과 마찬가지로 원인에 의해 결정되므로 자유롭지 않다고 말해왔다. 공중에 떠 있는 돌이 떨어지지 **않을** 자유를 갖지 못하는 것처럼 사람은 그를 결정하고, 그에게 강요를 하고, A나 B를 선택하게 하는 동기 때문에 A 또는 B를 선택하지 않을 수 없다는 것이다.[5]

　결정론을 반대하는 사람들은 정반대 주장을 한다. 첫째, 종교적 근거에서 신이 사람에게 선과 악을 선택할 자유를 주었

---

5) 여기서 쓰이고 있는 결정론이라는 말은 이 책 전체를 통해 윌리엄 제임스와 현대 영국 철학자들이 쓰고 있는 '협의의 결정론'이라는 뜻으로 사용되었다. 이런 의미에서의 결정론은 흄이나 밀의 책에서 볼 수 있는 이론과는 구별되어야 한다. 흄이나 밀의 저서에 나타나 있는 이론은 때로 '광의의 결정론'이라 불리는데 이 이론에 따르면 결정론을 믿는 것과 사람의 자유를 믿는 것 사이에는 모순이 없다. 내 주장은 협의의 결정론보다는 광의의 결정론에 가깝지만 그렇다고 해서 광의의 결정론을 주장하는 것은 아니다.

으며 따라서 사람이 이러한 자유를 갖는다는 주장이다. 둘째, 사람이 자유롭지 않다면 자신의 행동에 책임을 질 수 없으므로 사람은 자유롭다는 주장이다. 셋째, 사람은 자유롭다는 것을 주관적으로 경험하며 이러한 자유에 대한 의식은 자유가 존재한다는 증거라는 주장이다.

이 세 가지 주장은 모두 받아들이기 어려운 것 같다. 첫 번째 주장은 신을 믿을 것을 요구하고, 사람에 대한 신의 계획을 알아야 할 필요성을 만든다. 두 번째 주장은 사람으로 하여금 책임을 지게 하고 이에 따라 처벌할 수 있게 하려는 소망에서 나온 듯하다. 처벌은 과거와 현재에 있어서 거의 어느 경우에나 사회 제도의 일부가 되고 있거니와, 이와 같은 처벌이라는 개념은 주로 소수의 '가진 자들'을 다수의 '갖지 못한 자들'로부터 보호하는 수단(또는 수단이라고 생각되는 것)에 바탕을 두고 있으며 처벌하는 권위자의 힘을 상징한다. 처벌을 하기 위해서는 책임을 질 자가 필요한 것이다. 이 점에 대해서는 "교수형은 끝났다. 남은 것은 재판뿐이다"라고 한 쇼의 말이 생각난다.

"선택의 자유라는 의식이 있다는 것은 이러한 자유가 있다는 증거"라고 한 세 번째 주장은 이미 스피노자와 라이프니츠가 철저하게 반박한 것이다. 스피노자는 "우리는 우리의 욕망을 알고 있으나 그 동기는 모르기 때문에 자유롭다는 환상을 갖는다"고 지적했다. 라이프니츠도 "의지는 부분적으로는 의식되지 않는 경향에 그 동기가 있다"고 지적했다. 스피노자와 라이프니츠 이후 대부분의 논의가 비록 우리 선택이 자유로운 선택이라는 행복한 확신을 마련해주기는 했어도, '선택의 자유'에 대한 문제는 무의식적인 힘이 우리를 결정한다는 것을 고려하지 않고서는 해결될 수 없다는 사실을 알지 못했던 것은 참으로 놀라운 일이다.

그러나 이처럼 특수한 반대 의견은 제쳐놓더라도 자유의지를 주장하는 것은 일상생활의 경험과 어긋난다. 종교적인 모랄리스트나 이상주의적인 철학자가 이러한 견해를 주장하든 마르크스주의적 경향을 가진 실존주의자가 이러한 견해를 주장하든 이는 기껏해야 고상한 요청에 지나지 않는다. 그러면서도 이는 개인에게 너무나 불공평하므로 아마 고상한 요청조차 되지 못할 것이다.

물질적으로나 정신적으로나 가난하게 자라온 사람, 다른 사람에 대한 사랑이나 관심을 전혀 경험해보지 못한 사람, 다년간 알코올 중독으로 음주가 체질화한 사람, 자신의 환경을 바꿀 수 있는 가능성이 전혀 없는 사람, 이러한 사람도 진정 '자유롭게' 선택을 한다고 주장할 수 있을까? 이러한 견해는 사실과는 어긋나지 않을까? 게다가 연민의 여지도 없는 게 아닐까?

　마지막으로 20세기 언어로 말하자면 사르트르의 철학처럼 부르주아의 개인주의와 자기 본위를 반영하는 견해이고, 막스 슈티르너[6]의 『유일자唯一者와 그의 소유』 현대판이 아닐까?

　이와 반대되는 견해, 곧 사람에게는 선택의 자유가 **없고** 그 결정은 어느 순간에 있어서도 그 이전에 일어난 외적이고 내적인 사건에 의해 원인이 주어지고 결정된다고 가정하는 결정론은 얼핏 보기에 좀더 현실적이고 합리적인 것 같다.

　우리가 결정론을 사회 집단이나 사회 계급에 적용하든 개인에게 적용하든, 프로이트 학파와 마르크스주의자의 분석은 결정 요인인 본능적·사회적 힘과 대항하는 싸움에서 사람이 얼마나 약한가를 보여주지 않았던가? 정신분석은 어머니에 대한 의존성을 해결하지 못한 사람은 행동하고 결정하는 능력이 없으며, 자신이 나약하다고 느끼고 돌이킬 수 없는 상태에 도달할 때까지 점점 더 어머니 같은 인물에게 의존하지 않을 수 없다는 사실을 보여주지 않았던가? 마르크스주의의 분석은 중산 하층 계급 같은 특정 계급이 일단 행운과 문화, 사회적 기능을 상실하고 나면 그 구성원은 희망을 잃고, 원초적이고 죽음을 사랑하는 자아도취적인 정위로 퇴행한다는 사실을 입증하지 않았던가?

---

6) 독일의 개인주의적인 무정부주의자.

그러나 마르크스도 프로이트도 원인에 의한 결정은 절대 역전시킬 수 없다고 믿는 결정론자는 아니었다. 그들은 모두 이미 시작된 과정도 변경될 가능성이 있다고 믿었다. 그들은 말하자면 사람의 등 뒤에서 **사람을 믿고 있는 힘을 아는**, 따라서 자유를 되찾게 할 수 있는, 사람의 능력에 바탕을 둔 이러한 변화의 가능성을 알고 있었다.[5]

두 사람 다 마르크스에게 상당한 영향을 준 스피노자와 마찬가지로 결정론자인 **동시에** 비결정론자였고, 또는 결정론자도 **아니고** 비결정론자도 **아니었다**. 둘 다 사람은 인과 법칙에 의해 결정되지만 각성과 올바른 행동에 의해 자유의 영역을 만들어내고 확대할 수 있다는 의견이었다. 자유의 최적 조건을 획득하고 필연의 쇠사슬로부터 벗어나는 것은 그 사람 개인에게 달려 있다. 프로이트의 경우 무의식을 아는 것이, 마르크스의 경우 사회적·경제적 힘과 계급의 이익을 아는 것이 해방을 위한 조건이었다. 두 사람에게 있어서는 이러한 각성에 덧붙여 능동적인 의지와 투쟁이 해방의 필요조건이었다.[6]

분명히 모든 정신분석가들은 일단 그들의 생활을 결정짓는 경향을 알게 된 다음부터 자유를 되찾기 위해 집중적인 노력을

---

5) 이 점에 대한 19세기의 더욱 자세한 논의는 E. Fromm, 『Beyond the Chains of Illusion』 참조.

기울임으로써 이러한 경향을 역전시킬 수 있었던 환자들을 알고 있다. 그러나 꼭 정신분석가라야만 이런 경험을 할 수 있는 것은 아니다. 우리들 중에는 자기 자신에 대해서나 또는 다른 사람에 대해서나 똑같은 경험을 한 사람이 있다. 다시 말해 **이른바** 인과의 쇠사슬이 끊기고, 지난날 자신들의 행동으로 볼 때 가장 합리적이라 생각했던 일과는 모순되기 때문에 일견 '기적'처럼 보이는 길을 걷는 것이다.

의지의 자유에 대한 종래의 논의가 보여주는 오류는 스피노자와 라이프니츠가 발견한 무의식적 동기를 제대로 평가하지 못한 데서 그치지 않는다. 이러한 논의를 공허하게 보이게 하는 또다른 원인들이 있다. 이제 내가 보기에 가장 중요한 듯한 몇 가지 잘못을 말하려고 한다.

한 가지 잘못은 특수한 어느 개인의 선택의 자유가 아니라 **인간**의 선택의 자유를 말한다는 점에 있다.[7] 후에 나는 한 개인의 자유가 아니라 인간 일반의 자유를 말하는 방식을 택하게 되고, 따라서 이 문제를 해결할 수 없게 된다는 것을 밝히려고

---

6) 기본적으로는 고전 불교도 같은 견해를 보여준다. 사람은 윤회의 수레바퀴에 묶여 있지만 자신의 실존적 상황을 자각하고 바른 행위의 여덟 가지 길을 따라 걸음으로써 이러한 결정론에서 해방될 수 있다.
  『구약성서』에 나오는 예언자들의 견해도 비슷하다. 사람은 '축복과 저주', '삶과 죽음' 가운데 선택을 할 수 있으나 너무 오랫동안 삶을 선택하기를 주저하면 돌이킬 수 없는 상태에 이른다.

한다. 선택의 자유를 가진 사람이 있는가 하면 선택의 자유를 상실한 사람도 있기 때문에 그러한 것이다. 만일 모든 사람에게 적용한다면 우리는 추상적인 것을 다루고 있거나 칸트나 윌리엄 제임스가 말한 의미에서처럼 단순한 도덕적 요청을 다루게 된다.

자유에 대한 종래의 논의가 지닌 또 하나의 난점은 마치 사람이 선과 악을 '일반적으로' 선택하고 선을 선택할 자유를 갖는다는 듯이 일반적인 방식으로 선과 악의 문제를 다루는 경향, 특히 플라톤으로부터 아퀴나스에 이르는 고전적 사상가들의 경향에 있는 듯하다. 일반적인 선택에 직면했을 때 대부분의 사람들은 '악'을 물리치고 '선'을 선택하기 때문에 이러한 견해는 자유에 대한 논의를 몹시 혼란스럽게 만든다. 그러나 사실 선과 악의 선택이라는 것은 존재하지 않는다. 선과 악을 바르게 정의하자면 선한 것을 지향하는 **수단**이 되는 구체적이고 특수한 행동과 악한 것을 지향하는 **수단**이 되는 또다른 행

---

7) 이러한 잘못은 오스틴 퍼라르 같은 저술가에게도 있다. 자유에 대한 그의 책들은 가장 치밀하고 예리하게 객관적으로 자유를 분석한 것이다. 그는 『의지의 자유』에서 다음과 같이 말한다.
"선택은 정의하자면 양자택일에서 성립한다. 양자택일이 순수하게 또한 심리적으로 선택에 개방되어 있다는 것은 **사람들이 그것을 선택해왔다는 관찰**에 의해 뒷받침된다. 사람들이 때로는 선택에 실패했다는 것은 양자택일이 선택에 대해 닫혀 있음을 보여주는 것은 아니다."

동이 있을 뿐이다. 선택 문제에 대한 우리들의 도덕적 갈등은 우리가 선과 악을 일반적으로 선택할 때가 아니라 구체적인 결정을 내리지 않을 수 없을 때 일어난다.

종래의 논의가 지닌 또 하나의 결함은 대체로 성향incli-nation의 여러 가시 정도보나는 오히려 선택의 자유와 선택의 결정론을 대립시켜 다루고 있다는 점에 있다.[8] 후에 다시 밝히겠지만 자유 대 결정론이라는 문제는 사실 성향의 갈등 가운데 하나고 각 성향의 강도 문제인 것이다.

끝으로 '책임'이라는 개념의 사용에도 혼란이 있다. 책임이라는 말은 보통 내가 벌받을 만하다, 또는 내가 비난받을 만하다는 것을 나타내기 위해 사용된다. 이럴 경우 다른 사람이 나를 비난하든 내가 나 자신을 비난하든 별로 차이가 없다. 내가 나에게 죄가 있다는 것을 알면 나는 나 자신을 처벌하고 다른 사람이 내게 죄가 있다는 것을 알면 그 사람이 나를 처벌할 것이다.

그러나 처벌이나 '죄'와는 관련 없는 또 하나의 책임 개념이 있다. 이러한 뜻에서의 책임은 "내가 그렇게 했다는 것을 나는 알고 있다"는 의미에 지나지 않는다. 사실상 나의 어떤

---

8) 라이프니츠는 필연이 아니라 경향을 말한 비교적 소수의 사상가들 가운데 한 사람이다.

행동이 '죄' 또는 '범죄'로 경험되자마자 그 행동은 소외된다. 이러한 행동을 한 사람은 **내**가 아니고 벌을 받아 마땅한 '죄인', '나쁜 사람' 또는 '다른 사람'인 것이다. 이때 죄책감과 자책감 때문에 슬픔, 자기 혐오, 삶에 대한 혐오가 생긴다는 것은 두말할 나위가 없다.

이 점을 카시다파[7]의 위대한 지도자 가운데 한 사람인 게르의 이삭 마이어가 아름답게 표현하고 있다.

자신이 한 나쁜 일을 말하고 반성하는 사람은 누구든 자신이 저지른 죄를 생각하고 있는 것이며, 생각한다는 것은 거기에 사로잡히는 것이다. 그것은 온 영혼으로써 생각하고 있는 일에 전적으로 사로잡혀 있는 것이며, 따라서 그는 아직도 죄에 사로잡혀 있다. 그리고 분명 그가 방향을 바꾸지는 못할 것이다. 그의 정신은 거칠어지고 그의 마음은 썩어가고 게다가 슬픈 기분이 닥칠 것이기 때문이다.

당신은 어떠한가? 더러운 것은 아무리 휘저어도 여전히 더럽다. 죄를 짓거나 죄를 짓지 않는 것, 이것이 천국에서 무슨 소용이 되는가? 이런 일을 골똘히 생각하고 있는 시간에 나는 천국의 기쁨을 위해 진주를 뀈 수도 있을 것이

---

7) 18세기에 폴란드에서 창설된 유태인의 신비주의적인 종교 단체.

다. "악을 버리고 선을 행하라", 즉 "악을 완전히 외면하고 악한 것을 골똘히 생각하지 말고 선을 행하라"고 쓰여 있는 까닭도 여기에 있는 것이다. 그대는 잘못을 저질렀는가? 그렇다면 올바른 일을 해서 균형을 이루도록 하라.[9]

『구약성서』에 나오는 'chatah' 라는 말은 보통 '죄'의 의미로 번역되지만 사실은 '(길을) 잃은 것'을 뜻한다. 이 또한 똑같은 정신에 바탕을 두고 있다. 이 말에는 '죄'나 '죄인'이라는 말이 갖는 비난의 뜻은 없다. 마찬가지로 '참회'에 해당하는 히브리 말은 'teschubah' 인데, 이는 '(신에게, 자기 자신에게, 올바른 길로) 되돌아온다는 것'을 의미하며 이 말에도 자기 비난의 뜻은 없다. 따라서 『탈무드 법전』[8]에는 '회귀回歸의 명인'(참회하는 죄인)이라는 표현이 있으며 이 사람은 죄를 짓지 않은 사람보다 더 윗자리에 있다고 한다.

우리가 어떤 특별한 개인이 직면해 있는 두 가지 특별한 행동의 진로를 선택할 자유에 대해 말하고 있다는 점에 동의한다면, 예컨대 담배를 피울 것이냐 피우지 말 것이냐 하는 구체적이고 평범한 예를 우리 논의의 출발점으로 삼을 수 있

---

9) N. N. Glatzer, 『In Time and Eternity』에서 인용.
8) 유태인들의 법과 계율을 모아놓은 것으로 원전과 주석, 두 부분으로 되어 있다.

을 것이다.

흡연이 건강에 해롭다는 보고서를 읽은 후 담배를 끊어야 겠다는 결론에 도달한 골초를 예로 들어보자. 그는 '담배를 끊기로 결심'한 것이다. 하지만 이 '결심'은 결심이 아니다. 이는 단순히 희망을 말한 것에 지나지 않는다. 그는 담배를 끊기로 '결심'했으나 이튿날엔 기분이 무척 좋아서, 그 다음날엔 기분이 무척 나빠서, 또 그 다음날엔 '비사교적인' 사람으로 보이는 게 싫어서, 또 그 다음날엔 건강 보고서가 올바른지 의심스러워져서 담배를 끊기로 '결심'했으면서도 계속 담배를 피운다.

이러한 모든 결심은 관념과 계획, 상상에 지나지 않으며 진정한 선택을 할 때까지는 이러한 결심이 거의 또는 전적으로 현실성을 갖지 못한다. 이러한 선택은 그가 담배를 앞에 놓고 이 담배를 피울 것인가 피우지 말 것인가를 결정해야 할 때에, 후에 다시 다른 담배를 놓고 결정하지 않을 수 없을 때에 현실적인 것이 된다. 결정을 요구하는 것은 언제나 구체적인 행동이다. 이러한 상황에서 문제가 되는 것은 그에게 담배를 끊을 자유가 있는가 없는가 하는 것이다.

여기서 몇 가지 문제가 생긴다. 그가 흡연에 대한 건강 보고서를 믿지 않거나, 또는 믿는다 해도 흡연의 즐거움을 잃기보다는 20년쯤 생명이 줄어드는 편이 더 좋다고 확신할 경우라면 분명 선택의 문제는 없다. 그러나 이 경우 역시 선택의 문제가 단지 은폐되고 있을 뿐이다. 그의 의식적인 사고는 그가 애를 써봤자 이 싸움에서 이길 수 없을 것이라는 느낌을 합리화하고 있을 뿐이다. 그러므로 그는 오히려 싸워 이겨야 할 싸움이 없는 체하는 것인지도 모른다. 그러나 선택의 문제가 의식적이든 무의식적이든 상관없이 선택의 성격은 똑같다. 바로 이성의 명령을 받는 행동과 비합리적 격정의 명령을 받는 행동 중에서 선택을 하는 것이다.

스피노자에 따르면 자유는 '중용 관념'에 바탕을 두고 있으며 이러한 관념은 자각과 수용에 현실의 바탕을 두고 개인의 심리적·정신적 전개의 완전한 발달을 보증하는 행동을 결정한다. 스피노자에 따르면 사람의 행동은 격정 또는 이성이 원인이 되어 결정된다. 격정의 지배를 받을 때 사람은 속박받고 이성의 지배를 받을 때 사람은 자유롭다.

비합리적인 격정은 사람을 압도하여 자신의 참된 관심과는 모순되는 행동이 불가피하게 만들고, 그의 힘을 약화시키고 파괴해서 고통받게 하는 격정이다. 선택의 자유 문제는 똑같이 좋은 두 가능성 중에서 하나를 선택하는 자유는 **아니다**. 그것은 테니스를 치느냐 등산을 가느냐, 친구를 찾아가느냐 집에서 책을 읽느냐 등을 선택하는 것이 아니다.

결정론 또는 비결정론과 관련될 경우 선택의 자유는 언제나 더 나쁜 것보다 **더 좋은 것**(그런데 더 좋으냐 더 나쁘냐 하는 것은 항상 삶의 기본적인 도덕 문제와 관련해서 이해된다)을, 다시 말해 전진이냐 퇴행이냐, 사랑이냐 미움이냐, 독립이냐 의존이냐 하는 것 등을 선택하는 자유다. 자유란 바로 비합리적인 격정의 소리에 반대하고 이성의 소리, 건강의 소리, 행복의 소리, 양심의 소리에 따르는 능력에 지나지 않는다. 이러한 점에서 우리는 소크라테스, 플라톤, 스토아 학파, 칸트의 전통적 견해에 동의한다. 내가 강조하고 싶은 것은 이성의 명령에 따르는 자유는 검토의 여지가 더욱 많이 남아 있는 심리학적 문제라는 점이다

담배를 피울 것인가 피우지 말 것인가 하는 선택, 달리 말해 합리적 의도에 따를 **자유**가 있는가 없는가 하는 문제에 직면한 위에서 예로 든 사람의 경우로 되돌아가기로 하자. 우리는 자신의 의도에 따르지 못할 거라고 거의 확실하게 예언할 수 있는 누군가를 상상할 수 있다. 그가 어머니 같은 인물에 깊이 결합되어 있고, 구순 수용기적 정위를 갖고 있어서 언제나 다른 사람으로부터 무언가를 기대할 뿐 결코 자기를 주장하지 못하고, 이러한 모든 일로 말미암아 강렬하고 만성적인 불안에 빠져 있는 사람이라 치자. 흡연은 그에게 있어 자신의 수용적인 갈망을 만족시키고 불안에 대항하는 것이다.

담배는 그에게 있어 힘과 어른스러움을 상징하며 이러한

이유로 그는 담배 없이는 견디지 못한다. 담배에 대한 갈망은 그의 불안, 수용성 등의 결과이며 따라서 이러한 동기와 마찬가지로 강렬하다. 이와 같은 동기가 너무나 강렬해서 그의 내부에 있는 힘들의 균형에 어떤 극적인 변화가 일어나지 않는 한 그가 자신의 갈망을 극복하지 못하는 경우도 있다. 그렇지 않다면 그는 모든 실제적 목적에 있어 스스로 더 좋다고 인정한 것을 선택할 자유를 갖지 못했다고 할 수 있다.

한편 우리는 매우 성숙해 있고 생산적이며 탐욕이 없기 때문에 이성과 자신의 참된 관심에 어긋나는 행동은 할 수 없는 사람을 상상할 수도 있다. 그 역시 자유롭지 않을 것이다. 그는 아마도 그럴 생각이 전혀 없기 때문에 담배를 피울 수 없을 것이다.[10]

선택의 자유는 어떤 사람이 '갖거나' 또는 '갖지 않은' 형식적이고 추상적인 능력은 아니다. 그것은 오히려 그 사람의 성격 구조의 기능이다. 성격 구조가 선에 따라 행동할 능력을 잃었기 때문에 선을 선택할 자유를 갖지 못하는 사람이 있는가 하면, 바로 그들의 성격 구조가 악에 대한 갈망을 상실했기 때문에 악을 선택할 능력을 잃어버린 사람도 있다.

---

10) 아우구스티누스는 사람이 자유로이 죄를 지을 수 없는 지복至福의 상태에 대해 말하고 있다.

　　이처럼 극단적인 두 경우, 우리는 그들의 성격에서 힘의 균형이 선택의 여지를 남겨놓지 않았기 때문에 둘 다 그렇게 행동하도록 결정되어 있다고 말할 수 있다. 그러나 우리가 대부분의 사람들에게서 다루고 있는 것은 선택을 할 **수** 있도록 균형잡혀 있는 모순된 성향이다. 행동은 그 사람 성격 내부의 갈등하는 성향 각각의 힘이 작용한 결과이다.

　　이제는 '자유'라는 개념을 두 가지 다른 뜻으로 사용할 수 있다는 점이 분명해졌을 것이다. 첫째로 자유는 성숙해 있고 충분히 발달해 있는 생산적인 사람의 태도와 정위, 성격 구조의 일부이다. 이러한 뜻에서 나는 자유로운 사람에 대해 사랑할 줄 알고 생산적이고 독립적인 사람에 대해 말하듯이 말할 수 있다. 이런 의미에서 볼 때 사실상 자유로운 사람은 사랑할 줄 알고 생산적이고 독립적인 사람**이다**. 이러한 뜻에서 자유는 가능한 두 가지 가능성 가운데 하나를 특별히 선택하는 것과는 관계가 없고 해당자의 성격 구조와 관계가 있다. 그리고 이러한 뜻에서 '악을 선택할 자유를 갖지 못한' 사람은 완전히 자유로운 사람이다.

　　자유의 두 번째 뜻은 우리가 지금까지 주로 사용해온 뜻, 다시 말해 반대되는 것을 양자택일해야 할 때 선택하는 능력이라는 뜻이다. 그러나 이러한 양자택일은 언제나 삶에 있어서 합리적 관심과 비합리적 관심 중에서 선택하는 것, 그리고 삶의 성장과 정체나 죽음 중에서 선택하는 것을 뜻한다. 이처럼 자유가 두 번째 뜻으로 사용될 때 가장 착한 사람과 가장 나쁜 사람에게는 선택의 자유가 없고 단지 모순된 성향을 지닌 평범한 사람만이 자유롭다. 평범한 사람의 경우 선택의 자유라는 문제가 있기 때문이다.

이 두 번째 뜻에서 자유를 말할 때 다음과 같은 문제가 생긴다. 곧 모순된 성향 중에서 선택하는 이와 같은 자유는 어떤 요인에 의거하고 있을까?

가장 중요한 요인은 모순되는 성향 각각의 힘, 특히 이러한 성향이 지닌 무의식적 측면의 힘에 있다는 것이 매우 분명한 사실이다. 그러나 만일 비합리적인 성향이 더 강하더라도 선택의 자유를 뒷받침해주는 요소가 무엇이냐고 묻는다면, 우리가 이미 알고 있다시피 더 나쁜 것보다는 더 좋은 것을 선택하게 해주는 결정적인 요인은 **자각**이라고 답할 수 있다. 이를 구체적으로 표현하면 다음과 같다.

1) 선 또는 악을 구성하는 것을 아는 것.

2) 구체적 상황에서 어떠한 행동이 소망하는 목적을 달성하기 위해 적합한 수단인지를 아는 것.

3) 명백한 소망의 배후에 있는 힘을 아는 것(이것은 **무의식적인** 욕구의 발견을 뜻한다).

4) 여럿 가운데 하나를 선택할 수 있는 현실적 가능성들을 아는 것.

5) 그것 대신 이것을 선택한 결과를 아는 것.

6) 안다는 것에 행동하려는 **의지**, 자신의 격정에 어긋나는 행동에 반드시 따르게 마련인 욕구불만의 고통을 겪어 나갈 용의가 따르지 않는 한 아는 것 자체는 그다지 효과적이지 않다는 사실을 아는 것.

그렇다면 이제 이러한 여러 가지 각성에 대해 검토하기로 하자. 선과 악이 무엇인지 각성하는 것은 대부분의 도덕 체계에서 무엇을 선과 악이라 부르는지 아는 이론적 **지식**과는 다르다. 전통적 권위에 의거해 사랑과 독립, 용기는 선이고 증오와 굴복, 비겁함은 악인 줄 아는 것은 대개 참되다고 믿는 것이 무의미하다. 이 지식은 권위나 관습적인 가르침 등을 본따 빌려온 지식이며, 단순히 이러한 원천으로부터 얻은 지식이기 때문이다.

각성은 그 결과를 책임질 수 없는 '의견' 이 아니라, 스스로 경험하고, 스스로 실험하고, 다른 사람들을 관찰하고, 확신을 얻음으로써 배운 바를 자기 것으로 만드는 것을 말한다. 그러나 일반적인 원리에 의거해 결정하는 것만으로는 불충분하다. 이러한 각성을 넘어서 자기 내부의 힘의 균형과 무의식적 힘을 감추고 있는 합리화에 대해 알아야 한다.

특별한 예를 들기로 하자. 어떤 남성이 한 여성에게 몹시 마음이 끌려서 그녀와 성교를 하고 싶다는 강렬한 소망을 경험한다고 하자. 그는 의식적으로는 그녀가 무척 아름답기 때문에, 또는 그녀가 퍽 이해심이 많기 때문에, 또는 그녀가 간절히 사랑을 갈망하기 때문에, 또는 그가 성적으로 몹시나 굶주렸기 때문에, 또는 그에게 애정이 필요하기 때문에, 또는 그가 지독히도 외롭기 때문에, 또는 ~하기 때문에 이러한 소망을 갖게 되었다고 생각한다.

그는 그녀와 애정 관계를 갖게 되면 두 사람의 생활을 망칠지도 모르며, 그녀가 겁을 내고 보호받으려 하면서 쉽게 자신을 놓아주지 않을지도 모른다는 것을 잘 알고 있다. 이러한 모든 가능성을 잘 알고 있으면서도 그는 그녀와 관계를 가질 때까지 밀어붙인다. 왜? 그는 자신의 욕망은 알고 있지만 그 밑바닥에 깔린 힘은 모르기 때문이다. 이러한 힘은 과연 무엇일까? 나는 여러 가지 힘 가운데 한 가지만을 말하겠다. 하지만 이 힘은 흔히 가장 유력해 보이는 것이다. 그것은 그의 허영심과 자아도취다.

만일 그가 자신의 매력과 가치의 증거로 이 여자를 정복하기로 결심했다면 보통은 이러한 사실상의 동기를 모르고 있을 것이다. 그는 앞서 말한 것처럼 온갖 합리화에 급급할 것이다.

이처럼 그는 참된 동기를 모르기 때문에 참된 동기에 따라 행동하면서도 그 밖의 좀더 합리적인 다른 동기에 따라 행동하고 있다는 환상을 갖는다.

각성의 다음 단계는 그가 한 행위의 **결과**를 충분히 아는 단계이다. 결정의 순간에 그의 마음은 욕망과 자위적인 합리화로 가득 차 있다. 그러나 그가 자신의 행동 결과를 분명히 알 수 있었다면 그가 내린 결정은 달랐을 것이다. 예컨대 그녀와의 정사가 오랫동안 질질 끌어온 불성실한 것에 지나지 않고, 그의 자아도취는 새로운 정복을 통해서만 만족될 수 있기 때문에 그녀에게 싫증이 났는데도 계속해서 그녀와 약속을 하는 것은 그녀를 결코 진정으로 사랑하지 않는다고 인정하는 것이 죄스럽고 두렵기 때문이며, 이러한 갈등은 그나 그녀에게 마비와 약화라는 결과를 초래한다는 것 등등이다. 이런 사실을 알고 있었다면 그가 내린 결정은 달랐을 것이다.

그러나 잠재적인 사실상의 동기와 그 결과를 아는 것만으로는 올바른 결정을 위한 성향을 증대시키는 데 충분하지 못하다. 또 하나의 중요한 각성이 필요하다. 그것은 **언제** 사실상의 선택이 이루어지며 한 사람이 선택할 수 있는 현실적인 가능성은 무엇인지를 아는 것이다.

그가 모든 동기와 모든 결과를 잘 알고 있어서 이 여성과 함께 침대로 가지 않기로 '결심'했다고 하자. 그런데 그는 그녀와 함께 쇼 구경을 갔다가 그녀를 집에 데려다주기 전에 '한 잔 하자'고 제안한다. 표면상으로 볼 때 이는 조금도 해롭지 않다. 함께 술을 마신다는 것은 조금도 나쁜 일이 아닌 듯하다. 사실상 힘의 균형이 이미 그렇게 미묘하게 되어 있지만 않았더라도 조금도 나쁜 일이 아니었을 것이다.

만일 그 순간 '한잔 하자'는 말이 어떤 결과를 일으킬지 잘 알고 있었다면 그는 그녀에게 그런 제안을 하지 않았을 것이다. 그는 술을 마시면 낭만적인 분위기가 되고, 의지력이 약해지고, 다음으로 한잔 더 하기 위해 그녀의 아파트에 들르고, 아마도 틀림없이 그녀와 자게 되리라는 것을 알았을 것이다.

충분히 각성했다면 그는 거의 불가피한 연속을 예측할 수 있었을 테고 이러한 예측을 할 수 있었다면 그는 '한잔 하자'는 말을 삼갈 수 있었을 것이다. 그러나 욕망 때문에 그는 필연적인 연속에는 눈이 어두웠고 아직은 올바른 선택을 할 가능성이 있을 때에 올바른 선택을 하지 못한다.

다시 말해 여기서 사실상의 선택이 이루어진 때는 그가 그녀에게 한잔 하자고 했을 때 또는 아마도 쇼 구경을 가자고 했을 때이지 잠자리를 같이하기 시작했을 때는 아니다. 연쇄의 마지막 순간에 내린 결정에 있어서 그는 이미 자유롭지 못하다. 좀더 일찍 바로 지금 여기서 사실상의 선택을 해야 한다는 것을 알았더라면 그는 자유로울 수 있었을 것이다.

사람은 더 나쁜 것을 버리고 더 좋은 것을 선택할 자유를 갖지 못한다는 견해를 뒷받침하는 논거는 대체로 사람이 사건 연쇄에서 흔히 **마지막** 결정만을 보고 첫 번째 또는 두 번째 결정은 보지 못한다는 사실에 바탕을 두고 있다. 사실상 마지막 결정의 순간에는 보통 선택의 자유가 없다. 그러나 그가 아직도 자신의 격정에 그렇게 깊이 사로잡히지 않았을 때인 초기 단계에서 그는 아직도 선택의 자유를 가지고 있을 것이다.

대부분의 사람들이 삶에서 실패하는 이유 가운데 하나는 바로 그들이 아직도 이성에 따를 수 있는 자유로운 순간을 모르기 때문이라는 점에 있다. 또한 결정을 하기에는 이미 늦은 때가 되어서야 비로소 선택을 하기 때문이라고 일반화해서 말할 수 있을 것이다.

언제 사실상의 결정이 이루어지는지를 아는 문제와 아주 밀접한 관련이 있는 문제가 또 하나 있다. 우리의 선택 능력은 실생활과 함께 끊임없이 변화한다. 잘못된 선택을 오래 계속하면 할수록 우리 마음은 굳어진다. 올바른 선택을 하면 할수록 우리 마음은 부드러워진다. 또는 오히려 더 생생해진다고 말하는 편이 좋으리라.

여기서 다루고 있는 원리를 보여주는 좋은 예는 서양 장기다. 비슷한 기술을 가진 두 사람이 게임을 시작했다면 두 사람은 똑같은 승리의 기회를 가질 것이다(백쪽이 약간 더 유리하지만 여기서는 무시하기로 하자). 다시 말해 두 사람은 똑같이 승리할 자유를 갖는다. 그러나 다섯 수가 진행된 다음 국면은 이미 달라져 있다.

두 사람 다 아직은 이길 **수** 있지만 좋은 수를 쓴 A가 이미 좀더 많은 승리의 기회를 갖고 있다. 말하자면 그는 상대방인 B보다 승리할 자유를 더 많이 갖는다. 그러나 B도 아직은 승리할 자유를 갖고 있다. 몇 수를 더 둔 다음에도 A가 계속해서 B가 효과적으로 대처할 수 없는 올바른 수를 썼다면 A의 승리는 거의 확실하지만 이때도 **거의** 확실할 뿐이다. 아직도 B가 이길 **수** 있다. 몇 수를 더 둔 다음 승부는 벌써 결정된다.

B가 솜씨 있는 사람이라면 이미 이길 자유가 없다는 것을 알아차리고 상대방이 외통으로 장군을 부르기 전에 졌다고 인정할 것이다. 결정적인 요인을 정당하게 분석할 줄 모르는 서투른 사람만이 이길 자유를 잃은 다음에도 여전히 이길 수 있다는 환상을 갖는다. 이러한 환상 때문에 그는 처참한 결말이 올 때까지 수를 계속하다가 결국에는 외통 장군을 당한다.[11]

장기로 비유한 의미는 명백하다. 자유는 우리가 '갖거나' 또는 '갖지 않는' 항구적인 속성은 아니다. 사실상 말이나 개념 외에 '자유' 자체가 있는 것은 아니다. 오로지 한 가지 현실, 다시 말해 결정하는 **과정에서 자신을 자유롭게 하는 행동**

만이 있을 뿐이다.

이러한 과정에서 선택 능력의 정도는 각각의 행동에 따라, 각각의 실생활에 따라 다르다. 삶의 각 단계가 나의 자기 신뢰, 나의 성실성, 나의 용기, 나의 확신을 증대시켜준다면 양자택일을 해야 할 때 바람직한 선택을 하는 나의 능력도 증대하며 마침내는 바람직한 행동 대신에 바람직하지 못한 행동을 선택하는 것이 더욱 어려워진다. 한편 굴종하는 비겁한 행동은 나를 약하게 만들어 더 많이 굴종하고 비겁한 행동을 하도록 길을 열어놓는다. 그리고 마침내 자유는 사라진다.

이미 나쁜 행동을 할 수 없게 된 하나의 극단과 올바른 행동을 할 자유를 잃은 또 하나의 극단 사이에는 선택의 자유를 위한 무수한 단계가 있다. 실생활에서 선택의 자유는 그때그때 그 정도가 달라진다. 선을 선택하는 자유가 크다면 선을 선택하기란 별로 어렵지 않다. 만일 선을 선택하는 자유가 적다면 선을 선택하기란 무척 힘들고 다른 사람과 유리한 환경의 도움을 받아야 한다.

---

11) 서양 장기에 지는 정도라면 그 결과는 별로 쓰라리지 않을 것이다. 그러나 언제 항복할지 모를 만큼 미숙하고 객관성이 없는 장군 때문에 사람들 수백만 명이 죽는 경우라면 그 결말은 너무나 비참하다. 그런데 우리는 20세기 들어 1917년과 1943년, 이러한 비참한 결말을 두 번씩이나 목격했다. 두 번 다 독일 장군들은 이길 자유를 상실했다는 것을 모르고 어리석게도 수백만 명의 생명을 희생시켜가며 전쟁을 계속했다.

이러한 현상을 보여주는 고전적인 예는 성서에 나오는 이야기로 히브리 사람들이 이집트를 빠져나오려 할 때 파라오가 보인 반응이다. 그는 자신과 백성에게 가해지는 고통이 더 심해질 것을 두려워해서 히브리 사람들을 내보내겠다고 약속한다. 그러나 절박한 위험이 사라지자마자 '그의 마음은 굳어져간다'. 그리고 그는 다시금 히브리 사람들을 풀어주지 않기로 결심한다.

이와 같이 마음이 굳어지는 과정은 파라오의 행위에 있어서 중심 문제다. 그가 오랫동안 올바른 일을 선택하기를 거부하면 할수록 그의 마음은 더욱 굳어진다. 아무리 고통이 커지더라도 이러한 운명적인 발달을 바꾸지는 못하며 마침내는 자신과 백성들의 파멸로 끝난다. 그는 오로지 공포를 바탕으로 결정했기 때문에 결코 마음의 **변화**를 경험하지 못한다. 그리고 이처럼 변화가 없기 때문에 그의 마음은 마침내 선택의 자유가 전혀 남지 않을 정도로 더욱 굳어진다. 파라오의 마음이 굳어지는 이야기는 우리가 우리 자신의 발달과 다른 사람의 발달을 살필 때 매일 관찰할 수 있는 일을 시적으로 표현한 것에 지나지 않는다.

한 가지 예를 더 들기로 하자. 여덟 살 난 백인 소년이 흑인 하인의 아들을 소꿉동무로 삼는다. 어머니는 아들이 흑인과 논다는 사실이 싫어서 아들에게 흑인 소년을 만나지 말라고 명령한다. 아들은 어머니 말을 거부한다. 어머니는 자기 명령에 순종하면 서커스에 데리고 가겠다고 약속한다.

소년은 마침내 굴복한다. 자신을 배반하고 뇌물을 받는 이와 같은 단계는 어린 소년에게 영향을 미친다. 그는 이를 부끄럽게 생각했고, 그의 성실성은 상처를 받았으며, 그는 자신에 대한 신뢰를 잃었다. 그러나 돌이킬 수 없는 일은 아무것도 일어나지 않았다.

10년 후 그는 한 소녀와 사랑에 빠지게 된다. 이 사랑은 불장난 이상의 것이었다. 두 사람은 그들을 결합시켜주는 깊은 인간적인 유대를 느끼고 있었다. 그러나 소년에 비해 소녀는 집안이 좋지 못했다. 그의 부모는 이 결혼 약속에 화를 내고 그를 단념시키려고 한다. 그가 꿋꿋한 태도를 보이자 부모는 6개월 동안 유럽 여행을 시켜주는 대신 돌아올 때까지 약혼을 공식화하는 것을 보류한다는 조건을 내세운다. 그는 이 제안을 받아들인다.

의식적으로는 그는 이 여행이 자신에게 좋은 공부가 되리라 믿었고 당연히 다시 돌아왔을 때도 그녀에 대한 사랑이 여전하리라 믿었다. 그러나 실상은 그렇지 않았다. 많은 다른 소녀들을 만나고 인기를 끌자 그의 허영심이 충족되었고 결국 그의 사랑도, 결혼하려는 결심도 점점 약해진다. 그는 돌아오기 전에 그녀에게 편지로 약혼을 깨겠다는 결심을 알린다.

그는 언제 결정을 내렸을까? 그가 생각하듯이 마지막 편지를 쓰던 날이 아니라 유럽으로 가라는 어버이의 제안을 받아들인 날 결정을 내린 것이다. 비록 의식적으로는 아닐지라도 뇌물을 받아들임으로써 자기 자신을 팔아넘겼다는 것을 알고 있던 그는 약혼을 파기한다는 약속을 지키지 않을 수 없었다. 유럽에서의 그의 행동은 파혼 **이유**가 아니라 그가 약속을 수행하는 메커니즘이다. 여기서 그는 또다시 자기 자신을 배반했고, 그 결과 자기 경멸과 새로운 정복으로 인한 만족 뒤에 감추어진 내면적 무력감은 증대되었으며 자기 신뢰는 결여되게 되었다.

그의 생애를 더 이상 자세히 뒤쫓을 필요가 있을까? 결국에 그는 소질 있던 물리학 공부를 하는 대신 아버지 사업을 물려받고, 부모의 부자 친구 딸과 결혼해 실업가로 성공하고 정치 지도자가 되지만 여론에 반대하는 것이 두려워 자기 양심의 소리와 어긋나는 치명적인 결정을 한다.

그의 이야기는 마음이 굳어져가는 사람에 관한 이야기다. 한 가지 도덕적 패배는 그로 하여금 갈수록 더 많은 패배를 하게 했고 마침내 돌이킬 수 없는 상태로까지 몰고 간 것이다. 여덟 살 때, 그는 확고한 태도로 뇌물을 거절할 수도 있었다. 그는 여전히 자유로웠다. 만약 현명한 친구나 할아버지나 선생이 그의 딜레마에 대해 들었더라면 그를 도와주었을 것이다.

열여덟 살 때, 그는 이미 그다지 자유롭지 못했다. 그 후의 생애는 마침내 인생이라는 게임에서 패배할 때까지 자유가 줄어드는 과정이었다.

파렴치하고 마음이 굳어진 사람으로 일생을 마친 대부분의 사람들, 심지어 히틀러나 스탈린 부하의 경우라도 착한 사람이 될 기회를 가지고 자기네 생을 시작했다. 그들의 생애를 아주 자세히 분석해보면 우리는 그들이 어떤 순간에 얼마나 마음이 굳어져 있었고 언제 사람다울 수 있는 마지막 기회를 잃었는지 알 수 있을 것이다. 물론 반대 경우도 있다. 다시 말해 첫 번째 승리가 다음 승리를 더욱 쉽게 만들고, 마침내 올바른 일의 선택에 노력이 필요하지 않게 되는 경우도 있는 것이다.

위에서 든 예는 대부분의 사람들이 원래 악하거나 또는 더 나은 삶을 살려는 의지가 없기 때문에 살아가는 기술을 사용할 때 실패하는 것이 아니라, 각성을 하고 언제 갈림길에 서서 결정을 내려야 하는지를 몰랐기 때문에 실패한다는 것을 보여준다. 그들은 언제 삶이 그들에게 질문을 하며, 그들이 여전히 양자택일로 대답할 수 있는 때가 언제인지를 모르는 것이다. 따라서 잘못된 길을 걸으면 걸을수록 자신들이 잘못된 길로 가고 **있다**는 것을 인정하기가 더욱 어려워지게 된다. 그것은 흔히 맨 처음 잘못 들어선 곳으로 되돌아가야 한다는 것을 인정하고, 정력과 시간을 낭비해왔다는 사실을 인정해야 한다는 것이 싫기 때문이다.

같은 말은 사회생활과 정치생활에도 해당된다. 히틀러의 승리는 필연적이었을까? 독일 국민은 언제든 그를 몰아낼 자유를 가지고 있었을까? 1929년에는 독일 사람들을 나치즘으로 기울이지게 할 만한 요인들이 있었다. 1918년과 1923년 사이에 형성된 심적으로 도탄에 빠진 가학적인 중산 하층 계급이 존재했다는 것, 1929년의 불경기 때문에 생긴 대규모 실업, 1918년초 사회민주당 지도자들에 의해 묵인되었던 군국주의적 세력의 힘 증대, 중공업 지도자들의 반자본주의적 발전에 대한 두려움, 사회민주주의자를 자신의 주된 적으로 생각한 공산주의 전략, 재능은 있지만 반쯤은 미친 기회주의적 선동가가 있었다는 사실, 이런 것들은 가장 중요한 요인을 열거한 데 지나지 않는다.

또 한편으로 강력한 반나치적인 노동자 계급 정당이나 강력한 노동조합도 존재하고 있었다. 또한 반나치적인 자유주의적 중산 계급도 있었고 문화와 휴머니즘을 존중하는 독일의 전통도 있었다. 양쪽으로 기울어진 세력늘이 이처럼 균형잡혀 있었기 때문에 1929년까지만 해도 나치즘이 패배한다는 것이 여전히 현실적인 가능성을 가지고 있었다. 이 말은 히틀러가 라인 지방을 점령하기 이전 시기에도 해당된다. 일부 군부 지도자들 사이에서 히틀러에 반대하려는 음모가 있었고 히틀러의 군사 체제도 약점을 갖고 있었다. 유럽 동맹국들이 강력한 행동으로 히틀러를 실각시킨다는 것은 가장 가능성이 컸던 일이다.

한편 만약에 히틀러가 미친 듯한 잔인성과 야만성으로 피점령국 국민들의 적대감을 일으키지 않았더라면 어떤 일이 벌어졌을까? 만일 그가 모스크바, 레닌그라드, 그 밖의 지역에서 전략적 후퇴를 권고한 독일 장군들의 말을 들었더라면 어떤 일이 벌어졌을까? 그때 그는 여전히 완전한 패배를 피할 자유를 갖고 있었을까?

마지막 예는 선택 능력을 크게 결정하는 각성의 또 한 가지 측면을 보여준다. 그것은 현실적으로 양자택일이 가능한 선택과 현실적인 가능성에 바탕을 두지 않고 있기 때문에 양자택일이 불가능한 선택을 구별해서 아는 것이다.

선택의 모든 상황에 있어서 **현실적인** 가능성은 오직 하나뿐이라고 주장하는 것이 결정론의 태도이다. 헤겔에 따르면 자유로운 사람은 이 하나의 가능성, 다시 말해 필연성을 알고 행동하는 사람이다. 자유롭지 못한 사람은 이러한 필연성을 전혀 모르기 때문에 필연성, 다시 말해 이성의 집행자임을 모르는 채 행동하지 않을 수 없는 사람이다. 한편 비결정론자의 관점에서 보면 선택의 순간에는 많은 가능성이 있고 사람은 이러한 가능성 중에서 자유롭게 선택할 수 있다. 그러나 단지 **하**

나의 '가능성'이 있는 것이 아니라 둘 또는 그 이상의 가능성이 있는 경우가 많다. 그러나 **무제한**인 가능성 중에서 사람이 임의로 선택하는 것은 결코 아니다.

'현실적인 가능성'이란 무엇을 뜻하는가? 현실적인 가능성은 개인 또는 사회에서 상호작용하는 힘의 전체적 구조를 고려하면서 **실현시킬 수** 있는 가능성이다. 현실적 가능성은 사람의 소망이나 욕망과 부합되지만 주어진 환경 속에서는 결코 실현될 수 없는 허구적인 가능성과 정반대되는 것이다.

사람은 확실하고 확인할 수 있는 방식으로 구성된 여러 힘들의 집합체이다. '사람'이라는 이러한 특별한 구조 패턴은 무수한 요인들, 곧 환경 조건들(계급, 사회, 가족)과 유전적·체질적 조건들의 영향을 받는다. 이와 같이 체질적으로 주어진 경향을 연구함으로써 우리는 그것이 반드시 어떤 '결과'를 결정하는 '원인'은 아님을 알 수 있다.

체질적으로 수줍음이 많은 사람은 지나치게 수줍어하고, 사교성이 없고, 수동적이고, 용기 없는 사람이 되거나 또는 매우 직관적인 사람, 예컨대 재능있는 시인이나 심리학자나 의사가 될 수 있다. 그러나 그가 둔감하고 낙천적인 '수완가'가 될 '현실적인 가능성'은 없다. 그가 어떤 방향으로 가느냐 하는 것은 그의 마음을 쏠리게 하는 다른 요인들에 달려 있다.

같은 원리는 체질적으로 가학적 요소를 갖거나 어릴 적에 가학적 요소를 획득한 사람에게도 해당된다. 이 경우 그는 가학자가 되거나 아니면 가학증과 대항하여 이를 극복함으로써 특별히 강력한 정신적 '항체'를 형성할 수 있다. 후자의 경우 이러한 항체로 말미암아 그는 잔인하게 행동할 수 없고, 다른 사람이나 자기 자신에 대한 잔인한 행위에 매우 민감하게 된다. 다시 말해 그는 가학증에 결코 **무관심**할 수 없다.

체질적 요인이라는 분야에 있어서의 '현실적 가능성'이라는 면에서 앞서 예로 든 담배 피우는 사람의 경우를 다시 보자. 그는 두 가지 현실적인 가능성, 곧 줄담배를 피우는 사람으로 남아 있거나 한 개비의 담배도 피우지 않는 사람이 될 가능성에 직면한다. 담배를 계속 피우기는 하지만 그 수를 훨씬 줄일 수 있다는 믿음은 환상임이 드러난다. 정사와 관련해 앞서 예로 든 남성은 두 가지 현실적인 가능성, 곧 여자를 밖으로 불러내지 않거나 그녀와 정사를 가질 가능성을 갖고 있다. 그녀와 술 한잔을 하기는 하지만 정사는 하지 않을 가능성이 있다고 그는 생각하지만, 그와 그녀의 퍼스낼리티에 있어서 여러 힘들의 집합체를 고려해볼 때 비현실적이었다.

히틀러가 피점령국 국민들을 그렇게 야만스럽고 잔인하게 다루지 않았더라면, 전략적 후퇴를 결코 용인할 수 없을 정도로 자아도취에 빠지지 않았더라면 전쟁에 이길, 적어도 그렇게 무참하게 지지는 않을 현실적 가능성을 갖고 있었다. 그러나 이러한 양자택일 외에는 어떤 현실적 가능성도 없었다. 히틀러가 그랬던 것처럼 자신의 파괴성을 피점령국 국민들에게 과시하고, **그리고** 결코 후퇴하지 않음으로써 자신의 허영심과 자부심을 만족시키고, **그리고** 자신의 엄청난 야망으로 다른 모든 자본주의 세력을 위협하고, **그리고** 전쟁에 이기려고 하는 것, 이러한 모든 일은 현실적 가능성의 범위 안에는 없었다.

이는 현 상황에도 해당된다. 모든 진영에 핵무기가 있고, 이로 인한 서로 간의 공포와 의혹으로 말미암아 조성된 강렬한 전쟁 분위기가 있고, 국가 주권에 대한 우상화가 있고, 외교 정책은 객관성과 이성을 결여하고 있다. 한편 두 진영의 사람들 대부분에게는 핵무기에 의한 파멸이라는 재난을 피하려는 소망이 있고, 강대국이 다른 모든 나라를 그 광기에 휩쓸리게 해서는 안 된다고 주장하는 인류의 목소리가 있으며, 인류가 행복한 장래에 이르는 길을 열어주고 평화적 해결에 사용될 수 있는 사회적·기술적 요인들도 있다.

두 방향으로 치우쳐 있는 이러한 요인들이 있는 한편 아직도 사람이 선택할 수 있는 두 가지 현실적인 가능성이 남아 있다. 즉 핵무기 경쟁과 냉전을 종식시킴으로써 평화에 도달할 가능성과 현재의 정책을 계속함으로써 전쟁에 이를 가능성이다. 비록 한쪽이 다른 가능성 쪽보다 더 비중이 크기는 해도 두 가능성 모두 현실적이다. 아직은 선택의 자유가 있는 것이다. 그러나 우리가 무기 경쟁을 계속하고, **그리고** 냉전을 계속하고, **그리고** 편집증적 증오의 심리 상태를 계속 유지하는 **동시에** 핵무기에 의한 파멸을 회피할 수 있으리라는 가능성은 전혀 없다.

1962년 10월, 마치 결정의 자유는 상실된 듯했고, 모든 사람의 바람과는 달리(아마도 미친 듯이 죽음을 사랑하는 사람은 제외되겠지만) 재난이 일어날 듯한 분위기였다. 이때 인류는 구제되었다. 긴장이 완화되고 협상과 절충이 가능해진 것이다. 지금은 아마도 인류가 삶이나 파괴 가운데 하나를 선택할 자유를 가진 마지막 시각일 것이다. 선의를 상징하기는 하지만 주어진 양자택일과 그 결과에 대한 통찰을 뜻하지 않는 표면적인 타협밖에 하지 못한다면 우리들 선택의 자유는 사라지고 말 것이다. 만일 인류가 자멸하게 된다면 그것은 사람 마음이 본질적으로 악하기 때문은 아닐 것이다. 그것은 바로 사람이 현실적 양자택일과 그 결과를 각성하지 못했기 때문일 것이다.

자유의 가능성은 우리가 선택할 수 있는 현실적 가능성이 어떤 것인지, 또한 현실적이지만 개인적으로나 사회적으로 인기 없는 양자택일 순간에 결정해야만 하는 불쾌한 과제를 모면하려는 우리들 소망적 사고[9]를 어떤 '비현실적 가능성'이 구성하고 있는지 인식하는 데 있을 뿐이다. 말할 것도 없이 비현실적 가능성은 결코 가능성이 아니다. 비현실적 가능성은 그저 백일몽일 뿐이다. 그러나 불행한 사실은 우리들 대부분이 **현실적인** 양자택일, 그리고 통찰과 희생을 요구하는 선택의 필연성에 직면해 있을 때 오히려 추구할 수 있는 다른 가능성들이 있다고 생각하는 것이다. 이렇게 해서 우리는 이러한 비현실적 가능성은 결코 존재하지 않으며, 이러한 가능성을 추구하는 것은 그 배후에서 운명으로 하여금 결정을 내리게 하는 연막에 지나지 않는다는 사실을 모른 체하고 있다.

가능성이 없는 것이 실현되리라는 환상 속에 살면서 사람은 자신을 **위해** 선택이 이루어지고 바라지 않았던 재난이 일어났을 때는 놀라서 화를 내며 상심한다. 그가 비난해야 할 오직 하나의 사실은 문제에 직면할 용기와 그 문제를 이해할 이성이 자기 자신에게 없었다는 것뿐인데도 그는 다른 사람을 비난하고, 자기 자신을 변호하고, 신에게 기도하는 잘못에 빠진다.

따라서 우리는 사람의 행동은 언제나 자신의 퍼스낼리티에 작용하는 (대체로 무의식적인) 힘들에 바탕을 둔 성향에 의해 일어난다고 결론을 내릴 수 있다. 이러한 힘들이 일정 강도에 이르면 너무나 강해져서 사람의 마음을 기울어지게 할 뿐만 아니라 결정을 내리게 할 것이다. 따라서 그는 선택의 자유를 갖

---

9) 정신분석에서는 현실적 사실에 근거를 두지 않고 자신의 감정이나 욕망에 근거를 둔 사고를 소망적 사고라고 한다.

지 못한다. 모순되는 성향이 퍼스낼리티 안에서 효과적으로 작용할 경우 선택의 자유가 있다. 이 자유는 현존하는 현실적 가능성에 의해 제한된다. 이 현실적 가능성은 전체적인 상황에 의해 **결정**된다. 이러한 뜻에서의 자유는 '필연성을 알고 행동하는 것'이 아니라 **양자택일과 그 결과를 알고 그것을 바탕으로** 행동하는 것이라고 정의할 수 있다.

비결정론이란 있을 수 없고 때로는 결정론, 때로는 사람에게만 있는 특유의 현상, 곧 각성을 바탕으로 한 양자택일론이 있을 뿐이다. 달리 표현하자면 모든 사건은 원인을 갖고 있다. 그러나 이 사건에 앞선 집합체에는 다음 사건의 원인이 될 **수** 있는 몇 가지 동인이 있다. 이와 같이 가능한 원인들 중에서 어떤 것이 동력인動力因이 되는가 하는 것은 결정을 내리는 순간에 일어나는 사람의 각성에 달려 있다. 다시 말해 원인이 없는 것은 하나도 없지만 모든 것이 결정(이 말의 '좁은' 의미에서)된 것은 아니다.

여기서 전개한 결정론과 비결정론과 양자택일론에 대한 견해는 본질적으로 세 사상가, 곧 스피노자, 마르크스, 프로이트의 사상을 따른 것이다. 이 세 사람은 흔히 '결정론자'로 불린다. 이렇게 부를 충분한 이유가 있으며 스스로 결정론자로 자처한 가장 훌륭한 사상가들이다.

스피노자는 "마음속에는 절대적 의지 또는 자유의지는 없다. 오히려 마음은 이것 또는 저것을 바라도록 원인에 의해 결정되어 있고, 이 원인은 또한 다른 원인에 의해 결정되어 있으며, 이 원인도 또다른 원인에 의해 결정되어 있다. 이러한 일은 무한히 계속된다”[12]고 말했다.

스피노자는 우리가 주관적으로는 우리 의지를 자유로운 것으로 경험한다는 사실(이는 칸트나 그 밖의 많은 철학자들의 경우 우리 의지가 자유롭다는 증거가 됨)을 자기 기만의 결과라고 설명했다. 곧 우리는 우리 욕망은 알지만 그 욕망의 동기는 모른다. 우리는 우리 욕망의 ‘자유’를 믿는 것이다.

프로이트도 결정론적 태도를 밝히고 심적 자유와 선택에 대한 신념을 표명했다. 그는 비결정론에 대해 “아주 비과학적이며 (……) 그것은 정신생활까지도 지배하는 결정론의 주장 앞에서는 무너질 수밖에 없다”고 말했다.

마르크스도 결정론자인 것 같다. 그는 정치적 사건을 계급 형성과 계급 투쟁의 결과로 설명하고, 후자를 현존하는 생산력과 그 발달의 결과로 설명하는 역사의 **법칙**을 발견했다. 세 사상가는 모두 사람의 자유를 부정하고, 사람을 그 능 뒤에서 작용하고 사람의 마음을 기울어지게 할 뿐 아니라 그렇게 행동하도록 결정하는 힘의 도구로 본 것 같다. 이러한 뜻에서

---

12) 『Ethic』 II, 명제 68.

마르크스는 필연성을 아는 것이 최대의 자유라고 한 엄격한 헤겔주의자일 것이다.[13]

스피노자나 마르크스나 프로이트는 스스로 그들을 결정론자로 구분하게 하는 말을 했을 뿐 아니라 그 제자들도 그들을 결정론자로 이해했다. 이는 특히 마르크스와 프로이트에게 해당된다. 많은 '마르크스주의자들'은 마치 역사에는 불변의 진로가 있으며 미래는 과거에 의해 결정되고 어떤 사건이든 일어나야 할 필연성을 갖고 있는 것처럼 말해왔다. 프로이트의 많은 제자들도 프로이트에 대해 같은 주장을 펼쳤다. 그들은 프로이트 심리학은 선행한 원인으로부터 결과를 예언할 수 있기 때문에 과학적인 심리학이라고 주상한다.

그러나 스피노자, 마르크스, 프로이트를 이와 같이 결정론자로 해석하는 것은 이 세 사상가의 또다른 철학적인 측면을 완전히 무시하는 것이다. 왜 '결정론자' 스피노자의 주저主著가 윤리학에 대한 책이었을까? 왜 마르크스의 주된 의도가 사회주의 혁명이었고, 프로이트의 주요 목표가 신경증 때문에 정신적으로 앓고 있는 사람을 치료하는 치료법에 있었을까?

이러한 물음에 대한 답은 아주 간단하다. 세 사상가는 모두

---

13) 이 점에 대하여 자세한 논의는 E. Fromm, 『Beyond the Chains of Illusion』 참조.

사람과 사회의 행동이 어느 정도는 어떤 방식으로 기울어지고 때로는 결정적일 정도로 기울어진다는 것을 알고 있었다. 그러나 이와 동시에 그들은 설명하고 해석하려 한 철학자였을 뿐 아니라 변혁하고 변화시키려는 사람들이었다. 스피노자의 경우 사람의 과제, 곧 사람의 윤리적 목표는 바로 결정 요소를 줄이고 자유의 최적 조건을 획득하는 것이었다. 사람은 자각을 하고, 사람을 장님으로 만들고 쇠사슬에 묶이게 하는 격정을 인간으로서의 진정한 관심에 따라 행동하게 하는 행위(적극적 감정)로 바꿈으로써 이렇게 할 수 있다.

"격정이라는 감정은 우리가 그것에 대해 판명하고 명석한 상像을 형성하자마자 이미 격정이 아니다." [14]

스피노자에 따르면 자유는 우리들에게 자동적으로 **주어지는** 것이 아니라 우리가 일정한 한계 안에서 통찰과 노력을 통해 획득할 수 있는 것이다. 우리는 불굴의 정신과 자각을 갖게 될 때 양자택일이라는 선택 순간을 갖는다. 자유를 정복하기는 어려우며 바로 이것이 우리들 대부분이 실패하는 까닭이다. 스피노사는 이 점에 대해 『에티카』 끝에서 다음과 같이 말했다.

---

14) 『Ethic』 V, 명제 3.

이상으로 나는 감정을 극복하는 마음의 힘과 마음의 자유에 대해 보여주고 싶었던 모든 것을 완성했다. 이것으로 관능적 욕망에 사로잡힌 무지한 자들보다도 현명한 자가 얼마나 우수하고 강한가 하는 것이 분명해진다. 무지한 자는 정신의 참된 만족을 얻는 일 없이 외부 원인에 의해 여러 면에서 동요될 뿐 아니라, 더 나아가 자기 자신과 신과 사물을 의식하지 못하면서 살아가고, 고통을 받지 않게 되자마자(스피노자가 말하려는 것은 수동적이라는 것) 존재하지 않게 된다.

한편 현명한 자는 현명한 자로 생각될 수 있는 한 거의 정신적 동요를 일으키지 않고, 자기 자신과 신과 사물을 어떤 영원한 필연성에 따라 의식하면서 결코 존재가 끝나지 않은 채 언제나 참된 정신의 만족을 향유한다.

이러한 결과에 이르기 위한 길로서 내가 제시한 길은 매우 어렵기는 하지만 발견될 수는 있다. 매우 드물게 발견되기에 무척 어려운 길이 아닐 수 없는 것이다. 구원의 길이 지척에 있어서 어렵지 않게 발견될 수 있다면 어떻게 거의 모든 사람들이 이 길을 무시하는 일이 가능했을 것인가? 그러나 모든 뛰어난 일은 희귀한 동시에 어렵다.[15]

---

15) 『Ethic』, 명제 62.

　　현대 심리학의 창시자이며 사람을 결정하는 요인을 알고 있던 스피노자는 그러면서도 『에티카』를 썼다. 그는 사람이 어떻게 하면 속박으로부터 풀려나 자유로워질 수 있는지 밝히려 했다. 그리고 그의 '윤리'라는 개념은 바로 자유의 정복이라는 개념이다. 이러한 정복은 이성에 의해서, 적절한 관념에 의해서, 자각에 의해서 가능한데, 대부분의 사람들이 기울이는 노력보다 더 많은 노력을 기울일 때에만 비로소 실현될 수 있다.

　　스피노자의 책이 개인의 '구원'(여기서 구원은 자각과 노력에 의해 자유를 정복한다는 뜻)을 목적으로 하는 논문이라면 마르크스의 의도도 개인의 구원에 있었다. 그러나 스피노자가 개인의 불합리성을 다룬 데 비해 마르크스는 이 개념을 확대한다. 마르크스는 개인의 비합리성은 그가 살고 있는 사회의 비합리성 때문에 생겨나고 이러한 비합리성 자체는 경제적·사회적 현실에 내재하는 무계획과 모순의 결과라고 생각한다.

　　스피노자와 마찬가지로 마르크스의 목적도 자유롭고 독립된 사람에게 있지만 이러한 자유를 얻기 위해 사람은 배후에서 작용하고 결정하는 힘들을 알지 않으면 안 된다. 해방은 각성과 노력의 결과이다. 더 나아가 마르크스는 특히 노동 계급은 전 인류 해방을 위한 역사의 대행자라고 확신하면서 사람의

해방을 위해서는 계급 의식과 계급 투쟁이 필요조건이라고
믿었다.

스피노자와 마찬가지로 마르크스도, 눈먼 상태에 남아 있
으면서 최대한 노력을 기울이지 않으면 자유가 상실되고 말 것
이라고 했던 점에서는 결정론자다. 그러나 그는 스피노자처럼
단지 해석만 하려고 한 사람은 아니다. 그는 변혁하려고 한 사
람인 것이다. 그러므로 그의 모든 일은 어떻게 하면 각성과 노
력에 의해 자유로워질 수 있는지를 사람에게 가르치려는 노력
으로 귀결된다.

흔히 생각하는 것처럼 마르크스가 반드시 일어날 역사적
사건을 예언했다고 말한 적은 결코 없었다. 그는 언제나 양자
택일론자였다. 사람은 **만일** 배후에서 작용하는 힘들을 안다
면, **만일** 자유를 얻기 위해 엄청난 노력을 기울인다면 필연의
쇠사슬을 부수어버릴 수 있다. 이러한 양자택일론에 대해 20
세기에는 '사회주의와 야만주의 중에서' 선택하는 양자택일이
있을 뿐이라고 공식화한 사람은 가장 위대한 마르크스 해석가
였던 로자 룩셈부르크였다.

결정론자인 프로이트도 변혁하려 한 사람이었다. 그는 신
경증을 건강으로 바꾸고 이드의 지배를 자아의 지배로 바꾸어
놓으려 했다. 사람이 합리적으로 행동하는 자유를 잃는 것 말
고 그 어떤 신경증(종류야 무엇이든)이 있겠는가? 사람에게

자신의 참된 관심에 따라 행동할 수 있는 능력 말고 그 어떤 정신적 건강이 있겠는가? 스피노자나 마르크스와 마찬가지로 프로이트도 사람은 어느 정도는 결정되어 있다고 생각했다. 그러나 프로이트 역시 비합리적인, 따라서 파괴적인 방식으로 행동하라는 강요를 자각과 노력으로 바꾸어놓을 수 있다는 것을 인정했다. 그러므로 그의 일은 자각을 통해 신경증을 고치는 방법을 만들어내려는 노력이었고, 따라서 그의 치료법의 모토는 다음과 같았다.

"진리가 당신을 자유롭게 할 것이다."

세 사상가 모두에게 공통되는 몇 가지 주요 개념이 있다.

첫째, 사람의 행동은 선행된 원인에 의해 결정되지만 그는 각성과 노력을 통해서 이러한 원인의 힘으로부터 해방될 수 있다.

둘째, 이론과 실천은 분리될 수 없다. '구원' 또는 자유에 도달하기 위해서 우리는 알아야 하고 올바른 '이론'을 가지고 있어야 한다. 그러나 우리는 행동하고 투쟁하지 않는 한 알 수 없다.[16]

이론과 실천, 해석과 변혁을 분리할 수 없다고 한 것은 바

---

16) 예컨대 프로이트는 환자가 치료비를 지불해 경제적으로 희생하고 치유되기 위해서는 불합리한 환상을 행동에 옮기지 않도록 함으로써 욕구불만을 희생시켜야 한다고 믿었다.

로 이 세 사상가의 위대한 발견이었다.

셋째, 사람은 독립과 자유를 위한 투쟁에서 패배할 **수도** 있다고 한 점에서 그들은 결정론자였지만 본질적으로는 양자택일론자였다. 사람은 확인할 수 있는 가능성 중에서 선택할 수 있고 이러한 양자택일에서 어떤 일이 일어나느냐 하는 것은 사람에게 달려 있다고 가르쳤다. 그것은 사람이 아직도 자유를 잃지 않고 있는 한, 사람에게 달려 있다. 따라서 스피노자는 모든 사람이 구원받으리라 믿지 않았고, 마르크스는 사회주의가 **반드시** 이긴다고 믿지 않았으며, 프로이트는 그의 방법을 통해 모든 신경증을 고칠 수 있다고 믿지 않았다.

사실상 세 사상가는 모두 회의주의자였고 동시에 깊은 신념을 가진 사람들이었다. 그들에게 있어서 자유는 필연성을 알고 행동하는 것 이상의 것이었다. 자유는 사람이 악을 버리고 선을 선택하는 위대한 기회였다. 자유는 각성과 노력을 바탕으로 현실적인 가능성을 선택하는 기회였다. 그들의 태도는 결정론이나 비결정론이 아니라 현실주의적이고 비판적인 휴머니즘이었다.[17]

이것은 또한 불교의 기본 태도이기도 하다. 불타는 사람의 고통의 원인을 알고 있었다. 그것은 탐욕이었다. 그는 사람들로 하여금 탐욕을 버리지 못하고 고통을 겪으며 윤회의 수레바퀴에 묶여 있거나, 또는 탐욕을 버리고 이에 따라 고통과 윤회에 종지부를 찍거나 하는 양자택일에 직면하도록 한다. 사람은 이러한 두 가지 현실적인 가능성 중에서 선택할 수 있다. 그러나 사람에게 적용될 수 있는 그 밖의 가능성은 없다.

우리는 인간의 마음, 선과 악에 대한 사람의 성향을 검토해 왔다. 그렇다면 우리는 이제 이 책 1장에서 몇 가지 의문을 제기했을 때보다 더 견고한 기반에 도달해 있을까?

아마 그럴지도 모른다. 적어도 우리들이 탐구한 결과를 요약해보는 것은 의미 있는 일일 것이다.

---

17) 여기서 말한 양자택일론의 태도는 본질적으로는 『히브리 성서』가 보여주는 견해이다. 신은 사람의 마음을 변화하게 해서 사람의 역사에 간섭하지는 않는다. 신은 그의 사자인 예언자에게 삼중 사명, 곧 사람에게 어떤 목표를 보여주고, 그 선택의 결과를 보여주고, 잘못 선택했을 경우 항의하는 사명을 주어서 보낸다. 선택을 하는 것은 어디까지나 사람의 몫이다. 아무도, 심지어 신조차도 사람을 '구원'할 수 없다. 히브리 사람들이 왕을 원했을 때 사무엘에게 신이 대답한 말에 이 원리는 가장 명백하게 나타나 있다.
"그러므로 그들의 말을 듣되 너는 그들에게 엄히 경계하고 그들을 다스릴 왕의 제도를 알게 하라."(「사무엘 상」 8장 9절)
사무엘이 그들에게 동양의 전제정치에 대한 신랄한 설명을 한 다음에도 히브리 사람들이 여전히 왕을 원하자 신은 "그들의 말을 들어 왕을 세우라"(「사무엘 상」 8장 22절)고 말한다. 동일한 정신에서 나온 양자택일은 다음 말에도 나타나 있다.
"나는 오늘 그대 앞에 축복과 저주, 삶과 죽음을 놓아두었다. 그리고 그대는 삶을 선택했다."
사람은 선택할 수 있다. 신은 사람을 구원할 수 없다. 신이 할 수 있는 일은 단지 사람으로 하여금 삶이냐 죽음이냐 하는 근본적 양자택일에 직면하게 하고 삶을 선택하도록 사람을 격려하는 것뿐이다.

1) 악은 각별히 **인간적인** 현상이다. 그것은 사람 이전의 상태로 퇴행하고 각별히 사람답게 만드는 것, 곧 이성과 사랑과 자유를 제거하려 하는 것이다. 그러나 악은 인간적일 뿐 아니라 비극적이다. 비록 사람이 가장 원초적인 형태의 경험으로 퇴행한다 해도 그는 결코 사람이기를 그만둘 수는 없다. 따라서 사람은 결코 해결책으로서의 악에 만족할 수 없다.

짐승은 악할 수 없다. 짐승은 본질적으로 생존욕에 이바지하는 타고난 충동에 따라 행동한다. 악은 인간적인 영역으로부터 비인간적인 영역으로 넘어가려는 시도이지만 그러면서도 그것은 매우 인간적인 것이다. 사람은 '신'이 될 수 없는 것처럼 짐승도 될 수 없기 때문이다.

악은 사람이 인간성이라는 짐을 벗으려고 비극적으로 노력하다가 자기 자신을 상실하고 마는 것이다. 그리고 사람에게는 악을 위한 모든 가능성을 상상하고, 따라서 이러한 가능성에 따라 욕망하고 행동하며, 자신의 사악한 상상을 살찌게 할 수 있는 상상력이 주어져 있다. 때문에 악의 잠재력은 더욱 커진다.[18]

여기서 말하고 있는 악과 선의 관념은 본질적으로 스피노

---

18) 선과 악의 충동을 나타내는 말이 'Jezer'라는 것은 주목할 만한 흥미로운 일이다. 이 말은 『히브리 성서』에서는 '상상하는 것'을 뜻한다.

자가 말한 관념과 일치한다. "결국 내가 '선'이라고 하는 것은 우리가 명백히 한 인간 본성의 유형(스피노자는 이것을 인간 본성의 모델이라고 부르기도 함)에 더욱 가까이 접근하는 수단임을 확실히 알 수 있는 것이고, '악'은 앞서 말한 유형에 접근하는 데 방해가 되는 것임을 확실히 알 수 있는 것이다"[19]라고 스피노자는 말한다. 스피노자에 따르면 논리적으로는 "말은 곤충으로 변했을 때와 마찬가지로 사람으로 변했을 때 완전히 파괴될 것"[20]이다.

선은 우리들의 존재를 우리들의 본질에 접근하도록 바꾸어놓는 것이고, 악은 존재와 본질을 더더욱 멀리 떨어지게 하는 것이다.

2) 악의 정도는 동시에 퇴행의 정도다. 최대의 악은 가장 삶에 반대하는 충동들, 곧 죽음에 대한 사랑, 자궁으로, 땅으로, 무기물로 되돌아가려 하는 공생적-근친상간적 충동, 바로 자기 자신의 자아라는 감옥을 떠날 수 없기 때문에 사람을 삶의 적으로 만드는 자아도취적인 자기 희생이다. 이렇게 사는 것은 '지옥'에서 사는 것이다.

3) 퇴행 정도가 적음에 따라 악의 정도도 덜하다. 사랑의

---

19) 『Ethic』 IV, 머리말.
20) 앞의 책.

결여, 이성의 결여, 관심의 결여, 용기의 결여가 있는 것이다.

4) 사람은 퇴행하는 경향 **그리고** 전진하는 경향을 갖고 있다. 이를 달리 표현하면 사람은 선한 경향 **그리고** 악한 경향을 갖고 있다. 두 경향이 아직도 균형을 이루고 있다면 사람은 각성할 수 있고 노력할 수 있는 한 선택의 자유를 갖는다. 그는 자신이 놓여 있는 전체적 상황에 의해 결정된 양자택일 앞에서 자유로이 선택할 수 있는 것이다. 그러나 이미 이러한 경향이 균형을 이룰 수 없을 정도로 그의 마음이 굳어져버렸다면 더이상 선택의 자유는 없다.

자유를 상실하게 하는 사건의 연쇄 속에서 흔히 마지막 결정은 이미 사람이 자유로이 선택할 수 없는 결정이다. 최초의 결정을 할 때 최초의 결정이 갖는 중요성을 자각하고 있다면 사람은 선에 이르게 하는 선택의 자유를 누릴 수 있다.

5) 사람은 자유로이 선택할 수 있는 한 자신의 행동에 대해 책임을 질 수 있다. 그러나 책임은 흔히 윤리적인 요청이나 사람을 처벌하려는 권위자의 욕망이 합리화한 데 지나지 않는다. 즉 악은 인간적이기 때문에 악은 퇴행의 잠재력이고, 악은 인간성의 상징이기 때문에 악은 우리들 모두의 내면에 있다. 우리가 이러한 사실을 자각하면 할수록 우리가 타인의 심판자가 되기는 더욱 어렵다.

6) 사람의 마음은 굳어질 수 있다. 사람의 마음이 사람답지

않게 될 수는 있으나 결코 사람 아닌 것이 될 수는 없다. 우리
는 모두 사람으로 태어났다는 사실에 의해, 따라서 끊임없이
선택해야 한다는 과제에 의해 결정되어 있다. 우리는 목적과
함께 수단을 선택하지 않으면 안 된다. 우리는 다른 사람이 구
원해주리라 믿고 의지해서는 안 되며, 잘못된 선택은 스스로
자기 자신을 구원하는 것을 불가능하게 만든다는 사실을 깊이
자각해야 한다.

사실상 우리가 선을 선택하기 위해서는 각성해야 한다. 그
러나 다른 사람의 고통을 보고 가슴 아파하고 다른 사람의 친
절한 시선, 새의 노래, 풀밭의 푸르름에 감동할 줄 아는 능력
을 상실한다면 어떠한 각성도 우리를 도와줄 수는 없을 것이
다. 만일 사람이 삶에 무관심하게 되면 이미 그가 선을 선택하
리라는 희망은 없다.

그렇다면 그의 마음은 '삶'이 끝날 정도로 굳어버릴 것이
다. 만일 이러한 일이 인류 전체에 또는 그 가운데 가장 강력
한 구성원들에게 일어난다면 인류의 삶은 바로 그 가장 희망적
인 순간에 절멸해버릴 것이다.

옮긴이의 말

이 책은 정신분석이라는 관점에서 인간의 선악 문제를 다루고 있다. 에리히 프롬의 다른 책과 마찬가지로 이 책은 현대 산업사회에 초점을 맞추고 현대사회의 병리를 파헤치면서 인간의 선악 문제를 추구한다. 그는 인간의 선악을 실체로 보지 않고 우리들 마음속에 내재하는 모순이라고 본다. 다시 말해 개개인에게는 선을 행하려는 경향과 악을 행하려는 경향이 있으며, 이 두 경향 가운데 어떤 것이 우세한가에 따라 선을 행하게 되기도 하고 악을 행하게 되기도 한다. 그러나 이러한 경향은 선천적인 것이 아니라 후천적으로 성격 형성 과정에서 어떤 경향으로 성격이 정위되는가에 달려 있다.

그러므로 프롬은 이 책에서 죽음에 대한 사랑, 자아도취, 근친상간적 공생 등 악의 근원이 된다고 생각하는 성향을 분석한다. 우리들에게 이러한 성향이 지배적일 때 우리는 선을 행하려 해도 선을 행할 수 없다는 것이다. 프롬은 그 좋은 예로 히틀러, 스탈린 등을 들고 있다. 히틀러나 스탈린은 죽음을 사랑했고, 자아도취적이었으며, 어머니에 대한 공생적 집착이 강했기 때문에 이미 성격적으로 독재적이고 파괴적인 방향으로 나아가게 돼 있었다는 것이다.

프롬은 죽음에 대한 사랑, 자아도취, 근친상간적 공생을 쇠퇴의 증후군이라 부르고 이와 대립되는 경향, 곧 죽음의 사랑과 대립되는 사랑, 자아도취와 대립되는 사랑, 근친상간적 공생과 대립되는 독립심을 성장의 증후군이라 부른다. 바로 이러한 모순되는 성향이 우리들 마음속에서 우리 행동을 결정하고 있기 때문에 우리는 선한 행동을 하기도 하고 악한 행동을 하기도 한다.

쇠퇴의 증후군이 압도적일 때 우리는 악을 행할 수밖에 없고 성장의 증후군이 지배적일 때 우리는 선을 행하게 된다. 따라서 인간이 본질적으로 착하다든가 악하다든가 해서 선악을 마치 실체처럼 보는 것은 타당하지 않고, 선악의 문제는 우리 마음속 모순되는 두 성향 가운데 어떤 것을 택하는가 하는 선택의 문제, 따라서 양자택일의 문제이다.

이러한 관점에서 그는 결정론과 비결정론을 모두 배척한다. 만일 결정론의 주장을 받아들여 인간의 본질을 어느 쪽으로든 결정한다면 인간의 역사는 비진화적·비역사적인 것이 되고 인간에게는 어떠한 변화도 일어날 수 없다. 한편 비결정론의 주장을 받아들여 인간은 끊임없이 진화하고 변화한다고 보면 인간의 본성이라는 것을 말할 수 없게 된다. 따라서 이러한 태도가 갖는 난점을 넘어서기 위해서는 인간의 본질을 선천적인 소질 또는 실체로 보지 않고 **인간 존재에 내재하는 모순**으로 봄으로써 해결이 가능하다는 것이다.

물론 이 경우 인간의 자유가 전제된다. 자유를 전제로 하지 않은 채 선택을 말할 수 없기 때문이다. 그러나 자유는 우리가 모순되는 성향 중 어느 쪽을 선택하느냐에 따라 폭이 넓어지기도 하고 좁아지기도 한다. 예컨대 히틀러의 경우 그는 이미 악을 행하는 쪽으로 완전히 기울어져 있었기에 악을 행하지 않을 수 없었을 뿐, 선을 행할 자유는 갖고 있지 않았다.

결국 우리의 성격 형성에서 우리가 모순되는 성향 중 어느 쪽을 선택하느냐, 다시 말해 쇠퇴의 증후군으로 이루어진 성격이 되느냐 또는 성장의 증후군을 나타내는 성격이 되느냐에 따라 우리는 선이나 악을 행하게 된다. 삶을 사랑하고, 독립적이며, 사랑할 줄 아는 능력이 강한 사람은 비록 쇠퇴의 증후군이 마음속에서 기회를 노리고 있다 해도 선택의 자유를 가지고, 선을 행하며 보람 있는 삶을 살게 될 것이다.

한편 사회에 대해서도 똑같은 말을 할 수 있다. 그 사회가 삶을 사랑하게 만드는 구조를 갖고 있는가, 또는 죽음을 사랑하게 만드는 구조를 갖고 있는가 하는 것은 인류의 미래에 상당한 비중을 차지하는 일이 될 것이다.

프롬은 바로 지금이 인류가 풍요로움 속에서 인간답게 살아가느냐 또는 풍요를 대가로 인간성을 상실한 채 자동 인간으로 살아가느냐 중에서 선택해야 할 갈림길에 와 있는 때라고 말한다. 지금 이 순간 두 가능성 중에서 양자택일을 하지 않으면 인간을 인간답게 만들 미증유의 기회를 가진 이때 인류 역사는 종말을 고할 수밖에 없는 것이다. 그러나 선택의 기회가 늘 있는 것은 아니다. 바로 어떤 선택을 하는가에 따라 우리들 성격의 정위가 결정되어가므로 선택 시기를 놓치면 우리는 선택하고 싶어도 선택할 수 없는 막다른 골목에 다다르게 되기 때문이다. 그러므로 한 개인으로서나 또는 21세기를 살고 있는 인류의 일원으로서나 바로 지금 어느 쪽을 선택하는가 하는 가장 어려운 때에 놓여 있는 것이다.

프롬은 올바른 선택을 하기 위해서는 남을 사랑하면서도 독립적으로 살아가는 태도가 필요하며, 삶에 대한 깊은 사랑을 가져야 한다고 강조한다. 이런 의미에서 프롬은 『인간의 마음』이 그의 또 하나의 지시 『사랑의 기술』과 자매편이라고 말한다. 『사랑의 기술』이 사랑할 줄 아는 능력을 상실해가는 현대 산업사회 인간에 대한 분석이라는 점을 고려해볼 때 『인간의 마음』과 어떤 연관성이 있는지 쉽게 이해할 수 있다.

『사랑의 기술』이 제기한 문제 의식을 사랑이라는 한 가지 능력으로부터 인간 자체로 돌려 왜 사랑할 수 없게 되는가, 왜 사랑하지 못하고 악을 행하게 되는가를 폭넓게 규명한 것이 『인간의 마음』이라고 할 수 있을 것이다. 따라서 『인간의 마음』을 읽지 않고서는 『사랑의 기술』을 완전히 이해하기 어렵고, 『사랑의 기술』을 읽지 않고서는 『인간의 마음』에서 구체적으로 추구하고 있는 것이 무엇인지 파악하기 어렵다고 해도 과언이 아니다

에리히 프롬은 1900년 독일에서 태어나 독일에서 사회학과 심리학을 배우고 1925년 이후로는 정신분석학 연구와 임상에 종사했다. 그는 호르나이 등과 더불어 신프로이트 학파의 지도자로 인정되고 있지만, 스스로는 이 책에서 말하고 있듯이 정통 프로이트파라 생각한다.

프롬은 제2차 세계대전 때 나치에 쫓겨 미국으로 건너온 후 시카고 정신분석 연구소 강사, 베닝턴 대학 교수 등을 거쳤다. 저서로는 우리나라에서도 번역된 『자유로부터의 도피』(1941), 『건전한 사회』(1955), 『사랑의 기술』(1956) 외에 『자립적 인간』(1947), 『잊혀진 언어』(1951), 『정신분석과 종교』(1950) 등이 있다.

황문수

옮긴이 **황문수**

고려대학교 문리대 철학과와 동 대학원을 졸업했으며
고려대, 한양대 강사를 역임하고 경희대학교 문리대 철학과 교수를 지냈다.
저서로《실존과 이성》,《동학운동의 이해》등이 있고,
역서로는 플라톤《소크라테스의 변명》,《향연》,
윌 듀랜트《철학이야기》, 카를 야스퍼스《이성과 실존》,
윌리엄 드레이《역사철학》, 프리츠 파펜하임《현대인의 소외》,
니체《차라투스트라는 이렇게 말했다》, 에리히 프롬《사랑의 기술》,
버트런드 러셀《행복의 정복》등이 있다.

인간의 마음

1판 1쇄 발행 1977년 7월 30일
3판 재쇄 발행 2025년 4월 1일

지은이 에리히 프롬 | 옮긴이 황문수
펴낸곳 (주)문예출판사 | 펴낸이 전준배
출판등록   2004. 02. 11. 제 2013-000357호 (1966. 12. 2. 제 1-134호)
주소   04001 서울특별시 마포구 월드컵북로 21
전화   02-393-5681 | 팩스   02-393-5685
홈페이지 www.moonye.com | 블로그 blog.naver.com/imoonye
페이스북 www.facebook.com/moonyepublishing | 이메일 info@moonye.com

ISBN 978-89-310-0194-5 03180

• 잘못 만든 책은 구입하신 서점에서 바꿔드립니다.

❀문예출판사® 상표등록 제 40-0833187호, 제 41-0200044호